Hagen
Gartenteiche optimieren und renovieren

Peter Hagen

Gartenteiche optimieren und renovieren

Der unter Gartenfreunden sicherlich bekannte Gärtner und Philosoph Karl Foerster hat einmal gesagt: „Wer behauptet sein Garten sei fertig, der hat ihn nicht verdient." Dieser weise Ausspruch lässt sich ohne Weiteres auch auf einen Gartenteich übertragen. Veränderungen in einem Garten werden zwar mehr oder weniger regelmäßig durchgeführt, aber manch ein Teich hat schon ein beträchtliches Alter. Eine Überarbeitung oder Ergänzung der Wasseranlage macht also Sinn.

Einen bestehenden Teich verändern

Ein Gartenteich ohne Beleuchtung wirkt in der Nacht wie ein schwarzes Loch. Wenn jedoch Leuchten installiert sind, kann er auch bei Dunkelheit wahrgenommen werden. Nicht nur im Sommer ist Licht am Teich ein Vergnügen, auch im Herbst und besonders im Winter lassen sich damit reizvolle Effekte erzielen.

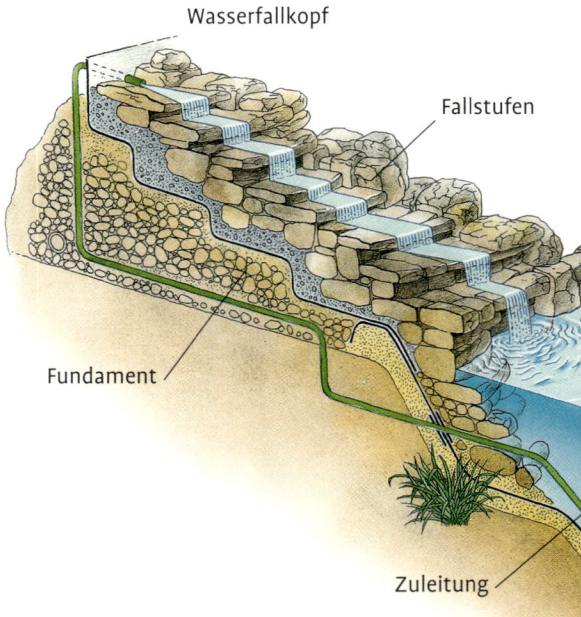

Wasserfallkopf

Fallstufen

Fundament

Zuleitung

Technik für den Teich 113

Ein Teich kann bei entsprechender Größe und ausreichender Bepflanzung durchaus ohne Technik auskommen. Möchte man jedoch einen Bachlauf oder einen Wasserfall anschließen, ist das kaum ohne technischen Einsatz machbar. Wer Wert auf eine permanente glasklare Wasserqualität legt, für den sind Filter- und Skimmeranlagen unverzichtbare Hilfsmittel. Wer keinen Strom in unmittelbarer Wassernähe installieren möchte, der kann auf Solarstrom zurückgreifen.

Kapillarsperre

Teichquerschnitt:
• Folie
• Vlies
• Sandschicht

Baufehler oder auch Überalterungen einer Teichanlage führen häufig dazu, dass der Teich nicht
richtig funktioniert, das biologische Gleichgewicht
nicht im Lot ist oder auch nur die Optik nicht
stimmt. Die nachfolgenden Kapitel sollen Ihnen
helfen derartige „Fehler" aufzudecken und gegebenenfalls abzustellen bzw. die richtigen Maßnahmen zu ergreifen. Oft sind es nur Kleinigkeiten, die
ausgeführt werden müssen, um auf Dauer mit der
eigenen Teichanlage zufrieden zu sein.

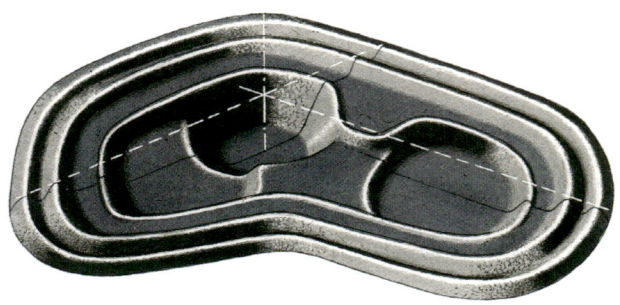

Probleme am Teich beheben 127

SPEZIALSEITEN

Vorwort

In Deutschland gibt es schätzungsweise fünf bis sechs Millionen Gartenteiche. Die meisten wurden schon vor etlichen Jahren gebaut, nur selten werden sie später verändert oder erweitert, obwohl vielen Teichbesitzern im Laufe der Zeit Zweifel kommen, ob alles richtig gemacht worden ist. Diese Überlegungen sind häufig verknüpft mit Anregungen und neuen Ideen, die man sich beim Besuch anderer Teichanlagen, aus Fachbüchern, im Gartencenter oder Baumarkt holt. Besonders in Letzteren ist zu beobachten, dass das Angebot an Artikeln zur Verschönerung oder Veränderung einer Teichanlage enorm gewachsen ist.

Das häufigste Argument für eine Um- oder Neugestaltung dürfte in den Fehlern zu suchen sein, die sich bereits bei Baubeginn eingeschlichen haben und auf Dauer optische und vor allem pflegerische Beeinträchtigungen bewirken. Sie lassen sich größtenteils durch bauliche Maßnahmen wieder ausgleichen. Hinzu kommen jene Teichbesitzer, die ursprünglich einen Folienteich angelegt haben und ihn aus Unzufriedenheit gegen ein Fertigbecken eingetauscht haben – in dem Glauben, damit alle Probleme zu lösen.

Ein weiterer Grund für eine Umgestaltung ist ein Teichbett, das nicht in Waage liegt. Meistens sind die Teichränder zu steil und deshalb fehlen wichtige Pflanzbereiche wie die Sumpfzone. Nicht zuletzt sind Teiche mit steilen Rändern nicht ungefährlich, denn die falsch angelegte Betrachterzone macht den Teich nahezu unsichtbar. Auch ist ein zu flach angelegter Teich im Sommer ausgesprochen pflegeintensiv. Andere Motive für eine Veränderung des Teiches: die Kapillarsperre und/oder der Überlauf fehlen. Selbst wenn diese erst später eingebaut werden, erleichtert das die Teichpflege wesentlich.

Zwei Grundbedingungen sind zu erfüllen, wenn man sein Wasserparadies im Garten verändern, optimieren oder renovieren will: Einerseits braucht man die notwendige Fläche, andererseits ausreichend technisches Wissen. Zu Letzterem möchte ich mit diesem Buch beitragen.

Homburg, im Herbst 2008   Peter Hagen

Einen bestehenden Teich verändern

Der unter Gartenfreunden sicherlich bekannte Gärtner und Philosoph Karl Foerster hat einmal gesagt: „Wer behauptet sein Garten sei fertig, der hat ihn nicht verdient." Dieser weise Ausspruch lässt sich ohne Weiteres auch auf einen Gartenteich übertragen. Veränderungen in einem Garten werden zwar mehr oder weniger regelmäßig durchgeführt, aber manch ein Teich hat schon ein beträchtliches Alter. Eine Überarbeitung oder Ergänzung der Wasseranlage macht also Sinn.

Nachträglich einen Bachlauf integrieren

Veränderungen an einem Teich sind immer sinnvoll, wenn sie zu einer Optimierung des Teichgefüges führen oder ein schöneres Bild bewirken. Die schlechteste Lösung ist, den Teich einfach zuzuschütten, weil man nicht damit zurechtgekommen ist, denn damit

verzichtet man für immer auf einen der schönsten Plätze im Garten. Eine sinnvolle Methode zur Sauerstoffanreicherung, außerdem eine optische Bereicherung, ist ein Bachlauf, der in einen Teich mündet. Mit einem gewissen Arbeitsaufwand ist das zu realisieren.

Die richtige Platzierung

Mit einem Bachlauf lässt sich das Element Wasser im eigenen Garten wunderbar genießen. Wichtig ist, sich über die Art und den Verlauf klar zu werden, denn daraus ergibt sich die richtige Platzierung. Dort, wo der Bachlauf wieder in

◀ An welcher Seite ein Bachlauf angesetzt werden kann, hängt von der Lage und der Größe des Geländes ab. Die Länge des Bachlaufs sollte proportional zum Teich passen.

den Teich eintritt, sollten sich nicht gerade Seerosen befinden, weil sie eine übermäßige Wasserbewegung nicht gut vertragen.

Wer den beim Bau des Teiches entstandenen Erdaushub nicht abgefahren hat, hat beste Voraussetzungen geschaffen, die Teichlandschaft in die Gartenumgebung einzubetten – vor allem, wenn der Aushub rund um das Gewässer gelagert wurde. Dadurch entstehen gleich zwei Vorteile: Einerseits kann auf dem Grat dieser Hügellandschaft ein Bachlauf errichtet werden, der an einer gut sichtbaren Stelle im Teich mündet. Andererseits wird für den Bachlauf keine zusätzliche Bodenfläche benötigt.

Eine weitere Möglichkeit ist eine aus einem schönen Quellstein bestehende Wasserstelle in Terrassennähe. Der hier beginnende Bachlauf schlängelt sich mit leichtem Gefälle quer durch den Garten. Besonders interessant wird der Bachlauf, wenn er mal breiter und mal schmaler geformt ist und Ausbuchtungen hat, in denen das Wasser stehen bleibt, wenn die Pumpe nicht in Betrieb ist. Natürlich braucht eine derartige Lösung mehr Raum. Manchmal kann sich durch den Bachlauf eine Trennung des Gartengeländes ergeben. Trittplatten, kleine Brücken oder schmale Stege sind einfache, praktische und sehr schöne Möglichkeiten, um diese Parzellierung aufzuheben.

Außergewöhnlich reizvoll sind Bachläufe, die als Verbindung zwischen getrennt liegenden Teichen

fungieren. Eine solche Verbindung ist nicht nur ein optischer Genuss, sondern bedeutet eine zusätzliche Vergrößerung der Wasserfläche, was die Pflege der Teichanlage wesentlich erleichtert. Ob zwei oder mehrere Teiche nebeneinander oder in einem Gelände mit Gefälle untereinander liegen, ist zunächst unwesentlich. Entscheidend ist, dass durch den Bachlauf eine Fließbewegung entsteht, die die Wassermassen durchmischt. Zweifellos sind untereinander liegende, mit einem Bachlauf verbundene Teiche am schönsten.

▲ **Die optische Wirkung eines Bachlaufs steht und fällt mit der richtigen Bepflanzung. Es können viele unterschiedliche Stauden verwendet werden. Sie müssen nur beachten, dass die Pflanzen Feuchtigkeit vertragen müssen.**

Längenbemessung
Zwar gibt es Richtwerte, wie lang ein Bachlauf in Bezug zur Teichgröße sein sollte, doch spielen Art, Verlauf und das Gelände ebenfalls eine Rolle. Optische Aspekte sollten immer Vorrang haben.

14

▶ Anhand der nebenstehenden Zeichnung, die aus einer Draufsicht und mehreren Schnitten besteht, lässt sich die Funktion und Wirkungsweise eines Bachlaufs gut erklären:

1 In Abbildung 1 ist der gesamte Verlauf eines Bachlaufs mit Bachlaufkopf und Einlass erkennbar. Die mit Steinen eingefassten Flächen rechts und links des Bachlaufs stellen mögliche Pflanzflächen für die Randgestaltung dar. Rechts vom Bachlauf verläuft die Zuleitung von der Pumpe bis zum Bachlaufkopf. Diese sollte immer auf dem direkten Weg verlaufen und niemals unter dem eigentlichen Bachlauf liegen.

2 Abbildung 2 zeigt einen Längsschnitt durch das Bachbett. Die kleinen eingebauten Staustufen sorgen für die notwendige Wasserverwirbelung und machen den Bachlauf in seinem Verlauf erst lebendig.

3 Die Abbildungen 3, 4 und 5 zeigen Querschnitte des Bachlaufs und stellen jeweils die eingeplanten Staustufen dar. Außerdem sind die unterschiedlichen Gestaltungsmöglichkeiten des Bachbetts und seine verschiedenen Breiten dargestellt.

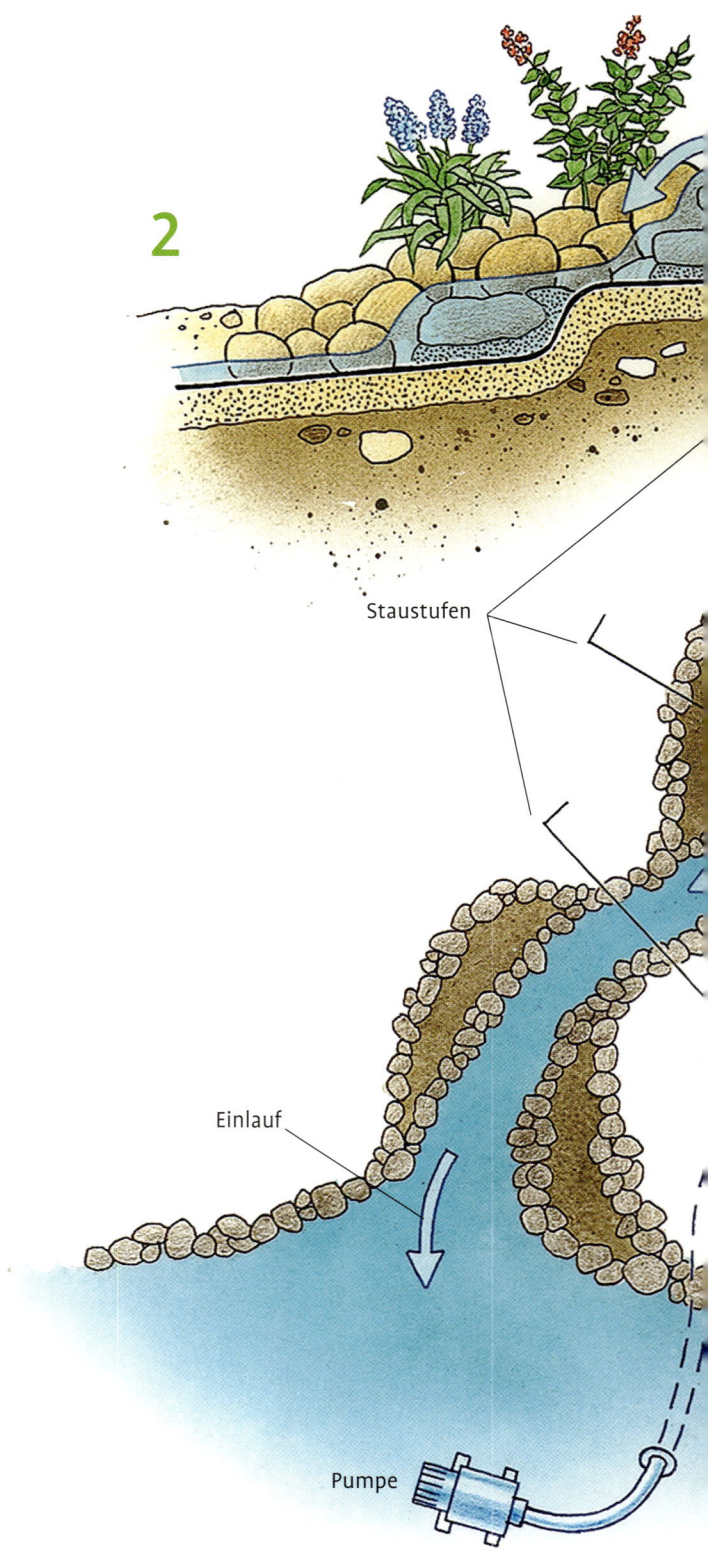

2

Staustufen

Einlauf

Pumpe

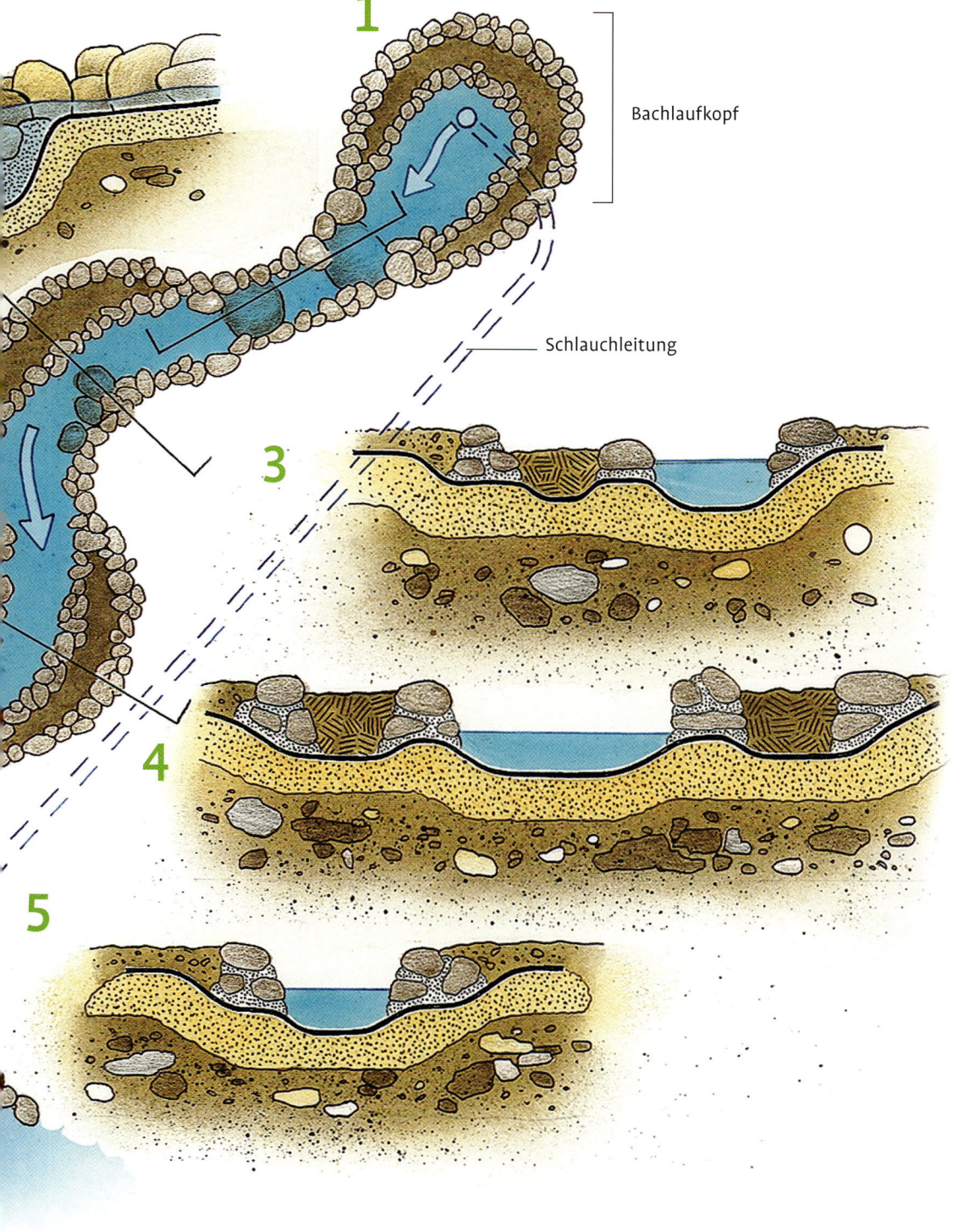

1

Bachlaufkopf

Schlauchleitung

3

4

5

16

Bei einem klassischen Bachlauf auf dem Hügel des ehemaligen Aushubs rechnet man mit einer Länge von 50 cm pro m² der Teichoberfläche. Wenn Sie den Hügel mit Zwerggehölzen, Stauden, Farnen und Gräsern gestalten, wirkt der integrierte Bachlauf sehr natürlich. Bei einem quer durch den Garten verlaufenden Bach ist die Grundstücksgröße die Bemessungsgrundlage. Teichverbindende Wasserläufe bekommen ihre Länge durch die zu überwindende Strecke zwischen den beiden Gewässern vorgegeben. ■

Wassermenge

Ein Bachlauf am Gartenteich ist so konstruiert, dass das Wasser zirkuliert. Der Wasseraustritt erfolgt über den Bachlaufkopf, der über ein Schlauchsystem und eine im Teich liegende Pumpe gespeist wird. Die im Bachlauf befindliche Wassermenge wird also dem Teich zunächst entnommen, läuft aber nahezu verlustfrei dorthin zurück. Etwas anders verhält es sich, wenn der Bachlauf über Becken oder Ausbuchtungen verfügt, in denen das Wasser stehen bleibt. Diese Wassermengen fehlen im Teich und sollten nachgefüllt werden.

Das richtige Gefälle

Je länger ein Bachlauf ist, desto stärker kann sein Gefälle sein. Bei einer Bachlauflänge von 10 m rechnet man mit einem Gefälle von 2 – 3 %, was eine Höhendifferenz vom Bachlaufkopf bis zur Mündung von 20 – 30 cm ausmacht. Optimal ist es, wenn der künstlich errichtete Bachlauf im Flachland den authentischen Charakter eines kleinen Wiesenbachs hat. Ist das

Gefälle höher, rutschen Pflanzen und Zierwerk schnell ab. Deshalb sollte man das angegebene Gefälle möglichst einhalten und einen kurzen Bachlauf nicht zu steil gestalten.

Bei längeren Bachläufen lässt sich ein starkes Gefälle durch kleine Staustufen ausgleichen, die die Fließgeschwindigkeit des Wassers verlangsamen. Die Anzahl der Staustufen hängt von der Länge des Bachlaufs ab, sie sollten nicht höher als 10 – 15 cm sein, sonst steigt der Geräuschpegel deutlich an. Bei einer Bachlauflänge von 15 m mit einer Höhendifferenz von 100 cm würden zum Beispiel drei Staustufen schon zur Wasserberuhigung führen. Zweckmäßig ist es, wenn jeweils unterhalb einer Staustufe eine breitere und vor allem auch tiefere Mulde geplant wird.

Eine weitere einfache Möglichkeit, die Fließgeschwindigkeit des Wassers zu drosseln, sind so genannte „Strömungsbrecher": runde Kiesel, die man ins Bachbett

legt. Sie wirken nicht nur natürlich, sondern bremsen das Wasser und bringen durch die zusätzliche Wasserverwirbelung Sauerstoff in den Teich.

Nicht selten werden Bachläufe mit zu geringem Gefälle geplant. Dies wirkt sich auf die Wasserqualität aus, denn Wasser, das nur als dünner Film im Bachbett dahingleitet, erwärmt sich im Sommer rasch und gelangt sauerstoffarm wieder in den Teich zurück.

Arbeitsvorbereitungen

Eine gute Planung und Arbeitsvorbereitung ist der wichtigste Punkt des ganzen Vorhabens. Sinnvoll ist es auch, vor Baubeginn mit anderen Teichbesitzern oder Familienmitgliedern über Wünsche und Vorstellungen zu sprechen. Ist das Bachbett erst einmal ausgehoben, ist es aufwendig, nochmals Änderungen vorzunehmen.

Bevor es losgeht, sind einige Vorkehrungen zu treffen. Wichtig ist, Lage und Richtung des neuen

ARBEITSSCHRITTE BEIM ANLEGEN EINES BACHLAUFS

■ ✓ Länge und Verlauf bestimmen
✓ Lage und Richtung festlegen
✓ Baumaterial auswählen
✓ Bachlaufkopf definieren
✓ Bachlaufmündung präzisieren
✓ Gefälle klären
✓ Breiten und Tiefen planen
✓ Aushub ausführen
✓ Bachbett einsanden
✓ ggf. Begehbarkeiten konkretisieren

✓ Bachbett abdichten
✓ gegebenenfalls Begehbarkeiten einbauen
✓ Probelauf vor endgültiger Fertigstellung
✓ Verbindung zwischen Bachbett und Teich herstellen
✓ Pumpe und Versorgungsleitung einbauen
✓ Kapillarsperre errichten
✓ Ränder befestigen
✓ Bachlaufrand mit Pflanzen gestalten ■

Bauwerks festzulegen und nicht sofort mit Hacke und Schaufel anzurücken.

Schritt für Schritt
Den Bachlauf markieren

1 Eine einfache Möglichkeit, sich den zukünftigen Bach und dessen Verlauf vorzustellen, ist das Auslegen eines Gartenschlauches. Erst, wenn Form und Verlauf den Vorstellungen entsprechen, folgt der nächste Schritt.

2 Nun müssen die Punkte markiert werden, an denen man eine Staustufe und eine Verbreiterung haben möchte.

3 Zuletzt legen Sie die Höhenpunkte fest, das geht gut mit einer Wasserwaage und Richtscheit. Dafür schlagen Sie gleichlange Dachlattenstücke in den Boden und markieren die in Waage liegenden Messpunkte mit einem Filzstift. Alternativ schlagen Sie Latten entsprechend ihrer exakten Höhe der Oberkante ein. Um sich die spätere Form des Bachlaufs besser vorstellen zu können, sollte die Planung von der Mündung ausgehen und nicht am Bachlaufkopf beginnen. Wenn Sie – je nach Länge – Trittsteine, kleine Stege oder Brücken einbauen wollen, müssen auch diese Stellen sorgfältig geplant und markiert werden.

▶ **Das plätschernde Wassergeräusch an einer Staustufe zieht Kinder wie magisch an. Auch bei geringer Wassertiefe sollten Kinder am Teich nie unbeaufsichtigt spielen.**

4 Wenn die Böschung eines Bachlaufs aus einer Anschüttung des Aushubs besteht, sollten Sie auch daran denken, dass diese bei häufigem Begehen absacken und dass der Bachlauf durch die Niveauveränderung rasch undicht werden kann. Deshalb sollte man „Risikobereiche" von vornherein lokalisieren und am besten mit Steinmaterialien stabilisierende Baumaßnahmen ergreifen. ■

Abdichtungsmaterialien

■ Für die Abdichtung eines Bachlaufs gibt es eine Reihe unterschiedlicher Baustoffe. Man sollte jedoch möglichst nur Material verwenden, das mit der Teichabdichtung identisch ist. Eine Ausnahme sind die auf Seite 24 beschriebenen Bachlaufschalen, die sich vor allem für kleinere Objekte eignen.

Am sensibelsten ist der Mündungsbereich, wo das Wasser wieder in den Teich eintritt. Wenn diese Verbindung nicht hundertprozentig dicht ist, entsteht ein hoher Wasserverlust. Das lässt sich durch saubere Arbeit im Vorfeld vermeiden.

Bachlauf aus PVC-Folie

PVC-Folie ist nach wie vor die meistverwendete Teichbaufolie, deshalb wird sie auch für Bachläufe am häufigsten eingesetzt. Von Vorteil sind die gute Verarbeitungsmöglichkeit und der niedrige Preis. Am besten nehmen Sie einen Folienrest von Ihrem Teich mit, um die richtige Folie zu

18

anzusetzen, die sich normalerweise unter Wasser befindet. Besonders bei einem Teich, dessen Folie im Randbereich durch UV-Bestrahlung bereits geschädigt ist, ist dies unerlässlich. Von Wasser bedeckter Folie können UV-Strahlen nichts anhaben. Säubern Sie den Verbindungsbereich und entfernen Sie sorgfältig die Algen. Im Handel gibt es dafür spezielle Folienreiniger.

DARAUF SOLLTEN SIE ACHTEN

- ✓ Unterschiedliche Materialstärken und Strukturen auf der Folie lassen sich schlecht miteinander verbinden.
  ✓ Eine Folienstärke von 0,5 bis 1,0 mm ist ausreichend. Stärkeres Material ist schwer zu verlegen.
  ✓ Entscheidend für die Haltbarkeit: die Lagerung der Folienreste im Geschäft. Sobald PVC-Folie in der Sonne gelagert und damit UV-Strahlung ausgesetzt wird, wird sie spröde, weil die in der Folie eingearbeiteten Weichmacher freigesetzt werden und sich die Struktur verändert. Die Folie lässt sich dann kaum noch weiterverarbeiten, eine sichere Verbindung zwischen Teich und Bachlauf ist fast nicht möglich. ■

kaufen, denn sie sollte die gleiche Farbe haben und in der Materialstärke identisch sein.

Schritt für Schritt
Den Bachlauf aus PVC-Folie bauen

1 Kleiden Sie das Bachbett mit einer 2–3 cm dicken Schicht aus Verputzer- oder Spielkastensand aus. Wird der ausgebreitete Sand angefeuchtet, lässt er sich mit einer Maurerkelle gleichmäßig ausbringen und glätten. Die Sandschicht ist der ideale Unterbau, um Unebenheiten auszugleichen und störende Dinge wie Steine, Wurzeln usw. abzudecken.

2 Danach wird die Folie in den Bachlauf eingelegt. Je mehr er sich windet, desto mehr Stücke müssen geschnitten und später wieder miteinander verbunden werden.

PRAXISTIPP

- Fragen Sie im Gartencenter oder Baumarkt nach Folienresten. Sie liegen meist zusammengefaltet neben der regulären Rollenware und kosten in der Regel nur einen Bruchteil. ■

Dies ist mit Kleber und Heißluft oder Quellschweißmittel (Tetrahydrofuran) zu bewerkstelligen. Das Verkleben von PVC-Folien ist weniger aufwendig als das Schweißen, allerdings ist es nicht so sicher. Deshalb sollten bei größeren Bauvorhaben die PVC-Folien verschweißt werden. Als Grundsatz gilt: Je mehr geschnitten wird, umso weniger Falten hat die Folie später im Bachbett. Wie PVC-Folie verklebt beziehungsweise verschweißt wird, lesen Sie auf Seite 137.

3 Ganz wichtig ist, dass die Folienstücke breit genug sind, damit für einen der letzten Arbeitsgänge noch Material für den Bachlaufrand und die so wichtige Kapillarsperre vorhanden ist. Stimmt die Breite zum Beispiel an einer tieferen Stelle nicht, kann natürlich ein Folienstück angesetzt werden.

4 Mit der Verbindung der Bachlauf-Folienbahn und der Teichfolie beginnen Sie an der Mündung des Bachlaufs direkt am Teichrand. Für eine solide Verbindung sollte der Teich etwas abgelassen werden, um die Folie an einer Stelle

5 Öffnen Sie auch die Kapillarsperre am Teichrand, damit Sie eine ebene Arbeitsfläche erhalten. Zum Verkleben / Verschweißen schiebt man eine Bohle oder ein Schalbrett unter die spätere Nahtstelle. Nachdem er mit der Teichfolie verbunden ist, kann der aus dem Wasser herausragende Folienlappen weiter verarbeitet werden.

6 Unter Zuhilfenahme der festen Unterlage wird nun Folienstück für Folienstück von unten nach oben verlaufend verklebt/verschweißt. Die Folienstücke müssen wie Dachziegel verlegt werden, Stoßkanten gegen die Fließrichtung sind unbedingt zu vermeiden (siehe Zeichnung). PVC-Folie lässt sich nur bei relativ hohen Außentemperaturen (ab 20 °C) und trockenem Wetter verlegen.

7 Sobald alle Folienstücke miteinander verbunden und sorgfältig möglichst faltenfrei im Bachbett eingepasst sind, starten Sie einen Probelauf. Da die Wasserversorgung des Bachlaufs später über eine versteckte Spiralschlauchleitung und eine im Teich eingebaute Bachlaufpumpe funktioniert,

können Sie den Test über die Wasserleitung laufen lassen; auf diese Weise füllen Sie gleichzeitig das fehlende Wasser im Teich wieder nach. Ein Dreiviertel-Zoll-Gartenschlauch eignet sich gut, weil er ausreichend Wasser liefert. Bauliche Fehler werden bei diesem Probelauf rasch aufgedeckt und man erkennt, wo der Rand nachträglich angehoben werden muss, eine Staustufe nicht eben ist oder ob der Bach an der Einlaufstelle Wasser verliert. Genau beobachten sollte man die Punkte, an denen Wasser hochspritzt, weil es nicht rechtzeitig abfließen kann. Sie müssen ausgeglichen beziehungsweise verändert werden. Schlecht verklebte/verschweißte Folienpartien werden bei diesem

Test ebenfalls schnell entdeckt. Unangenehm wird es, wenn man feststellt, dass das geplante Gefälle nicht ausreicht. Da die Hauptarbeiten für den Bachlauf aber zu diesem Zeitpunkt längst noch nicht abgeschlossen sind, ist eine Nachbearbeitung möglich. Sie können die Folienbahn weiterverwenden, sie wird einfach zur Seite geklappt. Möglicherweise brauchen Sie am Kopf des Bachlaufs ein zusätzliches Stück Folie. Erst wenn alle Fehler endgültig behoben sind, kann man mit dem Ausschmücken des Bachlaufs beginnen.

8 Nun sollten Sie die Folie im Bachlauf abdecken, damit man sie nicht mehr sieht. Kiesel

▲ **Mit den aufeinander gelegten Schieferplatten wird das Wasser gebremst und gezwungen breitflächig abzulaufen.**

unterschiedlichster Körnung und Materialstruktur, kleine, runde Steine bis hin zum Minifindling eignen sich gut dafür. An der „Quelle" sowie in den Staustufen lassen sich passende Polygonalplatten aus Naturstein einsetzen, mit ihnen können ganze Folienpartien gut kaschiert werden und der Bachlauf sieht natürlich aus. Diese Platten müssen allerdings mit speziellem Kleber oder Mörtel – auch Ton ist möglich – auf der Folie befestigt werden, weil das Wasser sonst einfach unter dem Plattenmaterial hindurch laufen würde. Bruchkanten und Zwischenräume der Platten füllen Sie mit feinkörnigen Kieseln auf. Zum Ausschmücken des Bachbetts eignen sich auch bemooste Wurzeln, Dekorholz und in eingeschränktem Maße kleinere Stauden, Gräser und Sumpfpflanzen.

9 Nun muss die Wasserversorgung des Bachlaufs eingebaut werden und „startklar" für einen erneuten Probelauf sein, damit man zum ersten Mal sehen kann, wie und mit welcher Geschwindigkeit sich das Wasser im Bachbett bewegt. An bestimmten Stellen kann man jetzt mit Hilfe von Steinen Strömungsbrecher einrichten beziehungsweise Steine entfernen. Mit Kleber oder Mörtel eingebaute Platten müssen vollständig abgebunden haben, erst dann kann der Probelauf stattfinden. Plätscherndes Wasser, das mit einem gurgelnden Geräusch Steine umspült und glitzernd über kleine Staustufen fließt und sich dort in Ausbuchtungen sammelt, sind ein wunderbarer Lohn für die Mühe und eine große Bereicherung für den Teichbesitzer.

10 Da sich durch die Arbeit am Bachbett Veränderungen ergeben

können, die man noch ausbessern muss, sollte erst jetzt der Folienrand eingegraben werden. Der Einbau einer Kapillarsperre (siehe Seite 26) ist sehr zu empfehlen. Während des Eingrabens der Folienränder sollten Sie auf eine gute Befestigung und Sicherung des Teichrands achten. Bei aufgeschütteten, aber nicht stabilisierten Rändern sackt das Gebilde durch Frosteinwirkung und Begehungen unweigerlich ab, was ständig zu Wasserverlust führt. Zudem sind undichte Stellen ziemlich schwer zu finden, sobald der Bachlauf zugewachsen ist.

Besandete Folie

Bei dieser Folienart handelt es sich ebenfalls um ein PVC-Material. Bis vor kurzem waren ausschließlich Folien mit aufgeklebtem Feinkies im Handel. Heute gibt es Folien, in die ein Teil der Steinchen direkt eingearbeitet ist. Ein Nachteil der besandeten Folien ist, dass sich relativ rasch ein hässlicher Algenfilm ablagert und sie dann unansehnlich sind. Versucht man, die Fläche mit einer Bürste zu reinigen, geht ein Großteil der Steinchen ab. Bei Folien mit eingearbeiteten Steinchen hinterlässt der Reinigungsprozess weniger Spuren. Die Folie

▲ Mit einer besandeten PVC-Folie lassen sich Bachläufe gestalten oder unschöne Flächen kaschieren.

ist in Bahnbreiten von 40 – 100 cm erhältlich. Sie wird vorzugsweise für kleinere Bachläufe, für die Verkleidung von offenen Stellen in einem Bachbett oder die Auskleidung von Wasserfällen verwendet. Die Steinchen machen die Folie relativ steif, sie kann aber vorsichtig geformt werden, sodass damit durchaus ein Bachbett ausgelegt werden kann. Wenn man die Oberfläche mit einem Föhn oder Heizlüfter leicht erwärmt, lässt sich das Material besser verarbeiten.

Die Besandung macht Verbindungen mit dieser Folie nahezu unmöglich, sie sind nur dann zu bewerkstelligen, wenn man die zu verklebenden Teile vollständig von den Steinchen befreit. Einfacher ist, die Steinfolie mit der Unterseite auf eine andere PVC-Folienbahn zu kleben / schweißen. Damit auch hier keine Stoßkanten entstehen, arbeitet man diesmal von oben in Richtung

---

WAS IST ZU BEACHTEN?

- ✓ Der Charakter eines Bachlaufs wird durch sein Gefälle bestimmt: Ein ruhiger Bachlauf benötigt 2 – 3 %.
- ✓ Der Wasserinhalt eines Bachlaufs sollte großzügig dimensioniert sein. Rechnen Sie mit 30 – 40 l pro laufenden Meter.
- ✓ Ganz wichtig ist die richtige Förderleistung der Pumpe. Wählen Sie immer die kürzeste Verbindung zwischen Bachlaufkopf und Einlauf (Reibungsverlust).
- ✓ Feinarbeiten am Bachlauf dürfen erst nach einem erfolgreichen Probelauf beginnen. ■

Bachbettmündung. Meistens reicht es aus, die Folie nur an der oberen Kante mit der darunterliegenden Folie zu verbinden. Lose Folienteile lassen sich mit einem Stein fixieren; wichtig ist, dass beim Einbau die Dachziegelmethode eingehalten wird.

Der Vollständigkeit halber seien noch PVC-Folien erwähnt, auf deren Oberfläche Steine aufgedruckt sind, ähnlich wie bei einer Tapete. Gelegentlich sind solche Folien noch zu finden; man ist aber weitgehend davon abgekommen, weil der Algenbewuchs die Motive schnell unsichtbar macht.

Bachläufe aus EPDM-Folie

Die Vorgehensweise bei einem Bachlauf aus künstlichem Kautschuk ist exakt die gleiche wie bei der Verwendung von PVC-Folien. EPDM-Folie ist allerdings langlebiger, wesentlich elastischer und kann auch bei niedrigen

▲ Auf diesem Bild lassen sich die eingearbeiteten Sand- bzw. Kiespartikel in der Folie gut erkennen.

Außentemperaturen verarbeitet werden. Das Material ist UV-beständig und kann noch nach Jahren jederzeit uneingeschränkt verbunden werden, wie man es für einen Bachlauf und den Anschluss an den Teich braucht. Der Arbeitsablauf für die Verbindung unterscheidet sich jedoch wesentlich von jenem mit PVC-Folie. Es sind zwar einfache Kleber erhältlich, mit denen sich kurze Verbindungen herstellen lassen; dauerhafte Nähte aber, wie man sie für Bachläufe benötigt, sollten nach der für die Folie üblichen Methode erstellt werden.

Schritt für Schritt
Die Verbindung herstellen

1 Zunächst schneidet man sich die Folienstücke für die gesamte Länge des Bachlaufs zurecht und legt sie aus. Auch hier gilt: Je mehr Folienstücke zusammengefügt werden, desto faltenfreier ist der Bachlauf.

2 Zum Verbinden der EPDM-Folie, das man besser als Vulkanisieren bezeichnet, wird eine feste Unterlage in Form einer Schaltafel benötigt. Eine normale Holzbohle ist zu schmal, denn die Folienteile müssen parallel verlaufend aufgelegt und mit einem speziellen Folienreiniger gesäubert werden.

3 Sinnvoll ist es, die zu verklebenden Teile kurzfristig übereinander zu legen und auf einer Folienseite mit Kreide die Überlappungsbreite mit Strichen zu markieren. Die Verbindung soll etwa 8 cm breit sein.

4 Beide Folienteile werden gereinigt und danach mit einem

speziellen Kleber (Nahtprimer) bestrichen.

5 Nach dem Antrocknen wird einseitig ein in Rollenform erhältliches dünnes EPDM-Nahtklebeband aufgebracht, das sich mit einem Handroller aufwalzen lässt.

6 Vor dem Zusammenfügen der beiden Folienhälften entfernen Sie vorsichtig das Schutzpapier, dann legen Sie die Bahnen an den vorgesehen Stellen zusammen und verbinden sie fest per Handroller. Eine auf diese Weise hergestellte Verbindung ist nicht mehr lösbar, die Folie kann sofort in den Bachlauf eingebaut werden. Die Arbeitsweise ist etwas komplizierter ist als jene mit PVC-Folie, doch das Ergebnis ist besser. Auf ähnliche Art lassen sich dank ihrer enormen Dehnbarkeit mit dieser Folie auch Ecken, Kanten und Wände verkleiden.

Bachläufe aus GfK-Material

Um es gleich vorwegzunehmen: Die aus glasfaserverstärktem Kunststoff (GfK) gefertigten Bachläufe sind in Beständigkeit und Lebensdauer nicht zu überbieten. Nur der relativ hohe Arbeitsaufwand und die nicht geringen Kosten sind ein gewisser Nachteil. Die Verwendung von GfK-Material für einen Bachlauf ist nur dann sinnvoll, wenn der Teich ebenfalls daraus gebaut worden ist oder ein Fertigbecken mit einem Bachlauf versehen werden soll. Eine wasserdichte Verbindung zwischen diesem und anderen Teichbaumaterialien ist sehr schwierig und birgt Risiken. Da sich an Verlauf, Lage, Tiefe oder Breite des Bachlaufs nichts mehr verändern lässt, wenn das Material einmal eingebaut ist, muss hier besonders sorgfältig geplant werden.

Schritt für Schritt
Den Bachlauf aus GfK bauen

1 Heben Sie den Bachlauf unter Berücksichtigung aller bereits beschriebenen Kriterien zunächst aus und legen Sie ihn mit einer dünnen Baufolie aus. Diese Folie macht den unverzichtbaren Probelauf möglich, der noch letzte Korrekturen zulässt.

2 Danach wird das Bachlaufbett einschließlich Randbereich und Staustufen mit in Gipsbrei getränkten Jutematten oder lose gewebten Säcken ausgekleidet. Warmes und absolut trockenes Wetter ist Bedingung. Beim Einlegen der Gipsmatten, die durch die Bodenfeuchtigkeit rasch anziehen, muss zügig gearbeitet werden. Wichtig dabei ist, dass die Flächen so glatt wie möglich verlaufen. Bereiten Sie immer nur so viel Fläche vor, wie Sie an einem Tag fertig stellen können.

3 Aus Sicherheitsgründen sollten Sie die dünne Gipsfläche mit Grundierungs- und Versiegelungsharz behandeln. Hierzu werden, sobald das Material trocken ist, Polyestermatten passend aufgelegt und mit Polyesterharz verstrichen, das einen Härter enthält. Für einen Bachlauf reichen zwei Lagen.

4 Über Nacht hat das Material abgebunden. Scharfe Kanten, Spitzen und Unebenheiten können mit einem Schwingschleifer oder Schleifpapier geglättet werden.

1 Der Verlauf der Bachlaufanlage ist mit einer dünnen Betonschicht ausgekleidet.

3 Mit einem Roller wird die mit Härter versetzte Polyestermasse aufgebracht.

2 Die Glasfasermatte wird passgenau hergerichtet und eingelegt.

4 Nach dem Aushärten wird die Wandung mit Schleifpapier geglättet.

▲ Auch kleine Bachläufe können reizvoll sein.

5 Um die Versiegelung des Bachbetts absolut wasserdicht zu machen, wird die gesamte Fläche zusätzlich mit einer Endversiegelung behandelt, die in der Regel schwarz eingefärbt wird.

6 Für den Bau mit GfK-Material beginnt man – anders als bei den Folien – am Bachlaufkopf und arbeitet sich hinunter zum Teich. Für den Anschluss an den Teich muss das Wasser etwas abgelassen werden.

7 Auf der Teichabdichtung beziehungsweise der Fertigbeckenwandung ist die Endversiegelung mit

Schleifpapier zu entfernen. Sobald die weißlich-beige Farbe des GfK-Materials zu sehen ist, können Bachlauf und Teich miteinander verbunden werden.

Bachlauf aus natürlichen Baustoffen

Es gibt pulverförmige sowie natürliche Teichbaustoffe in Mattenform, die allesamt recht einfach zu verarbeiten sind. Der wichtigste

natürliche Baustoff ist ein spezieller Ton, der in Ziegel- beziehungsweise Plattenform geliefert wird. Teiche aus natürlichen Baustoffen sind aus baulichen Gründen (zulässiges Gefälle von maximal 30°) meistens relativ groß. Das gilt auch für den angeschlossenen Bach, deshalb sollte man bei kleinen, schmalen Bachläufen auf dieses Material verzichten. Ein Bachlauf, der aus Tonziegeln

▲ Natürliche Baustoffe, wie Ton, eignen sich ebenfalls für den Teichbau. Bachläufe lassen sich damit besonders gut gestalten.

beziehungsweise Matten errichtet wird, sollte möglichst lang und mindestens 150 – 200 cm breit sein. Um einen sicheren Anschluss zu gewährleisten, ist es wichtig, dass auch der Teich aus dem gleichen Material gebaut wurde.

Beim Aushub des Bachbetts ist Folgendes zu beachten: Bei der Festlegung der Gesamt-Aushubtiefe muss – zusätzlich zur Stärke der Tonziegeln – die Stärke der darüber liegenden Kiesschicht mit einkalkuliert werden. Diese Schicht besteht aus Schottermaterial mit einer Körnung von 8 / 16 mm und sollte 15 – 20 cm dick sein. Enge Kurven oder gar Abwinkelungen sollte man vermeiden, und die Böschung sollte als sanftes Gefälle geplant werden. Eine solche Bauweise ist ideal für Bachläufe, die sich durch den ganzen Garten schlängeln. Auch hier lässt sich mittels Trittsteinen, Stegen oder kleinen Brücken

eine völlig neue Wasserlandschaft kreieren.

Nach dem Aushub beginnt man an der obersten Stelle des Bachlaufs mit dem Verlegen des Tonmaterials und arbeitet sich zur Mündung hin. Für den Anschluss müssen Sie den Teich bis zur geplanten Verbindungsstelle ablassen. Dafür ist die Schotterschicht zu entfernen und das Abdeckvlies so weit zurückzuschlagen, bis die verdichtete Tonschicht im Teich sichtbar wird.

Die im Bachlauf verlegten Tonziegel sollten mindestens 1 m weit in den Teich verbracht und anschließend in der gesamten Länge zwei- bis dreimal mit einem kleinen Vibrationsstampfer verfestigt werden, sodass der Teichboden und die Bachlaufziegel eine Einheit auf gleicher Ebene ergeben. Das Abdeckvlies sollte wenigstens 30 cm überlappen und kann nun mit der Tonschicht abgedeckt werden. Für diese Art von Bachläufen eignet sich eine artenreiche Bepflanzung im Rand- und Uferbereich. Wegen der Länge und der Breite muss eine kräftige Pumpe angeschafft werden, die in der Lage ist, große Wassermengen zu fördern.

Bachlauf aus Fertigschalen

Für kleinere Bachlaufanlagen werden meist Fertigschalen verwendet, was bei Einhaltung gewisser baulicher Voraussetzungen durchaus sinnvoll ist. Zahlreiche Modelle aus unterschiedlichen Materialien wie PE, PVC, Recyclingkunststoffen und GFK sind im Handel erhältlich. Wer sich für den Bau aus Fertigschalen entscheidet, sollte einen Typ mit

unterschiedlichen, nicht zu kleinen Schalenformen und einer möglichst natürlichen Oberflächenstruktur wählen. Besandete Schalen und solche, die eine Oberflächenstruktur aus nachgebildeten Steinen und Kieseln haben, sehen in der Regel gut aus. Alle Fertigschalen haben ein Auffangbecken mit einem mehr oder weniger hohen Rand und eine Überlaufnase. Hochwertige Schalen sind zudem auf der Unterseite gelegentlich mit einem Anschlusszapfen versehen, der verschlossen ist und sich leicht mit einem Schraubenzieher öffnen lässt.

Setzt man mehrere Schalen hintereinander, kommt durch die geringe durchrinnende Wassermenge am Ende des Bachlaufs nur wenig an. Durch zusätzliche Schlauchanschlüsse kann mit Hilfe eines T- oder V-Schlauchstücks die Wassermenge gleichmäßiger verteilt werden, wodurch der Wasserverlauf harmonischer wirkt.

Der Einbau der Schalen ist relativ einfach, weil sie in einem Sandbett mit gleichmäßigem Gefälle verlegt werden. Durch leichte Richtungsänderungen der Überlaufnase erhält der Bachlauf selbst mit diesen Schalen ein natürliches Aussehen. Eine passende Randbepflanzung aus Stauden und Gräsern trägt ebenfalls dazu bei. Beim Einbau muss man unbedingt mit einer Wasserwaage arbeiten, denn schon kleinste Ungenauigkeiten führen dazu, dass die Schalen an der falschen Stelle überlaufen. Auch auf seitlichen Halt muss geachtet werden, die Schale darf sich nicht bewegen. Sie brauchen kein

▶ Kaum vorstellbar, aber dieser Bachlauf besteht nicht aus Stein, sondern aus Polyester. Dank der besonderen Oberflächenstruktur wirken die Schalenelemente wie echtes Gestein. Sich später ansiedelnde Algen verleihen ihnen letztendlich ein natürliches Erscheinungsbild.

Gefälle im Verlauf der Schalen vorzusehen, da sie so konzipiert sind, dass das Wasser immer ausläuft.

Mit dem Bau beginnt man von unten nach oben. Die erste Schale sollte wenigstens 20–25 cm in den Teich hineinragen. Von Schale zu Schale reicht in der Regel eine Überlappung der Überlaufnase von 15 cm. Die Überlappung ist abhängig vom Schalentyp und der Stelle, wo sie angelegt wird. Nehmen Sie lieber eine Schale mehr, so vermeiden Sie das Risiko, dass das Wasser wegen einer zu geringen Überlappung hinter die Wandung der nächsten Schale rinnt. Schalen mit einem integrierten Wasseranschluss bieten den Vorteil, dass der Schlauch sicher und fest sitzt. Ohne diesen Anschluss muss der Versorgungsschlauch an der obersten Bachlaufschale mit einer Schelle befestigt und mit Steinen kaschiert werden.

Bachlauf aus Teichmörtel

Teichmörtel TM wird von einem holländischen Unternehmen vertrieben und in vielen deutschen Baumärkten angeboten. Es handelt sich dabei um einen mineralischen Mörtel, der nach seiner Aushärtung absolut wasserdicht ist. Das Material eignet sich bestens,

um Bachläufe an komplizierten Stellen zu formen. Auf einfache Weise lassen sich Auffangbecken und Überläufe bauen und Staustufen mit Plattenmaterial verblenden. Ein weiterer nützlicher Aspekt: Die angemischte Mörtelmasse kann direkt auf Teichfolie aufgebracht werden, weil sie sich beim Trocknen damit verbindet. Teichmörtel TM ist auch dann ein unverzichtbarer Baustoff, wenn man Plattenmaterial wasserdicht in Bachläufen befestigen möchte.

Der Mörtel wird fertig in Eimern geliefert und muss nur noch mit Wasser angerührt werden. Dafür brauchen Sie eine Bohrmaschine mit Rührwerk. Da das Material rasch aushärtet, sollten Sie nie mehr anrühren, als Sie in etwa 25 Minuten verarbeiten können. Bereits nach zwei Stunden ist der Mörtel hart und von dunkelgrauer Farbe. Mit ihm lassen sich Steine, Kiesel, Findlinge oder Platten in vielen Bachlaufsituationen dauerhaft und wasserdicht fixieren. ■

26

Kapillarsperre am Bachlauf

■ Eine Kapillarsperre am Bachlauf gehört zu den unverzichtbaren Einrichtungen: Sie wirkt einem Wasserverlust entgegen, der in jeder Gewässerart problematisch ist. Unter Kapillaren versteht man ein haarfeines Röhrchensystem, das den Boden durchzieht und Wasser aufnimmt. Je schwerer ein Boden ist, desto mehr Kapillare gibt es und desto mehr Wasser wird aufgenommen. Der Einbau einer Kapillarsperre sollte schon beim Bau berücksichtigt werden, denn das zusätzliche Anschweißen von Folie ist immer mit einem hohen Arbeitsaufwand verbunden. Doch auch der nachträgliche Einbau lohnt sich.

Die Kapillarsperre an sich ist nichts anderes als eine wellenförmige Fortsetzung des Folienrands etwa in der Größe einer Dachrinne. Sie wird mit Kies gefüllt und verläuft rechts und links des gesamten Bachlaufs. Als Füllmaterial sollten nur runde Kiesarten in Betracht kommen. Quetsch- und Bruchkies ist scharfkantig und kann die Folienhaut bei Druck durch Belastung verletzen.

Ein sehr schöner Kies ist der Oberrheinkies, der aus unterschiedlichem, recht buntem Steinmaterial besteht. Dieses muss vor dem Einbau unbedingt gründlich gewaschen werden, da es das Wasser mit seinem hohen Lehmanteil trüben und verschmutzen kann. Für 1 m Kapillarsperre werden etwa 12 l Kiesmaterial benötigt.

Dieser kleine Kiesrand blockt die natürliche Wasseraufnahme der Kapillare in unmittelbarer Gewässernähe fast komplett ab. Außerdem trägt die kiesgefüllte „Rinne" zur Stabilisierung des Bachbetts bei. Pflanzenwurzeln, insbesondere die der Wildgräser, treiben zwecks besserer Versorgung oft in Richtung Wasser, was ebenfalls zu einem ständigen Wasserverlust am Bachbett beiträgt. Auch hier ist die Kapillarsperre eine geeignete Gegenmaßnahme.

Undichtigkeiten am Bachlauf können ihre Ursache in einer fehlenden oder fehlerhaft gebauten Kapillarsperre haben. Die Ursache muss möglichst rasch behoben werden, denn ständiger Wasserverlust ist nicht nur mit Kosten verbunden, sondern stört – weil Leitungswasser nachgefüllt werden muss – die Teichbiologie und das gesamte Teichgefüge ganz erheblich. Eine nähere Beschreibung der Kapillarsperre finden Sie auf Seite 140. ■

Die Gestaltung von Bachlaufköpfen

■ Der Bachlaufkopf bildet den höchsten Punkt, von dem aus das Wasser in Richtung Teich fließt und mittels einer Pumpe wieder nach oben gefördert wird. Je nach Größe und Länge des Bachlaufs gibt es unendliche gestalterische Möglichkeiten.

Bei kleineren Bachläufen sehen treppenartig übereinander gelegte Steinplatten gut aus. Der austretende Wasserschwall wirkt wie eine kleine Quelle, weil die Technik unsichtbar bleibt. Ebenfalls für kleinere Bachläufe eignen sich Amphoren aus Terrakotta, die mit nach unten geneigter Öffnung als Wasserauslauf dienen. Sofern das ausströmende Wasser direkt in den Bachlauf abgeleitet wird, müssen sie nicht unbedingt in einem separaten Auffangbecken liegen. Die Wasserzufuhr erfolgt über einen Schlauch, der durch eine Öffnung im Gefäßboden eingesetzt wird. Mit einer Metalllochfräse und einer Bohrmaschine können Sie hier ein Loch bohren, ohne dass die Amphore zerspringt. Um den Wasserrücklauf ins Gefäß zu verhindern, wird die Öffnung für den Schlauch mit einer Gummidichtung aus dem Sanitärbereich abgedichtet. Für die Dekoration eignen sich weitere Amphoren in Verbindung mit einer Bepflanzung.

Ebenso schön sind antike, übereinander gestellte Futtertröge aus Stein, die man gelegentlich noch erwerben kann.

▲ Ausgesprochen originell ist dieser Bachlaufkopf, der aus alten Futtertrögen besteht. Die großen Kiesel im Bachlauf sorgen für eine gute Wasserverwirbelung.

▶ Der Bachlaufkopf ist das wichtigste Element an einem großen Bachlauf. Von hier aus wird das Wasser zurück in den Teich geleitet. Am besten lässt sich das mit einem großen, durchbohrten Findling realisieren. Auf dem nebenstehenden Bild ist ein Diabas zu sehen, auf dessen Bohrkrone zusätzlich eine Schaumdüse aufgesetzt wurde. Im Bachbett selbst liegen viele große, runde Kiesel.

Für große Bachläufe eignet sich ein schöner Findling mit einer Bohrung, der frei in einem separaten Auffangbecken steht und von dieser Stelle aus den Bachlauf speist (siehe Foto Seite 28). Vom Auffangbecken aus sammelt sich das aus dem Stein fließende Wasser und wird in den Bachlauf abgeleitet. Der Quellstein wird auf einem verzinkten Eisenrost fixiert, der auf Stapeln aus Betonsteinen als „Füße" gelagert ist. Betonsteine erhalten Sie im Baustoffhandel. Beim Einbau sollten Sie darauf achten, dass die Steine in der richtigen Höhe in Waage liegen und nicht die Abdichtung des Auffangbeckens verletzen. Sichtbare Teile des Eisenrostes deckt man mit losen Kieselsteinen ab. Zwischen Stein und Beckenboden entsteht ein kleiner Hohlraum, durch den man immer an den Schlauch herankommt. Dort lässt sich gegebenenfalls auch ein Absperrhahn einbauen. Wenn die Pumpe kräftig genug ist, kann man am oberen Bohrkranz des Quellsteins eine Schaumdüse für eine zusätzliche Sauerstoffversorgung anbringen. ■

Reibungsverluste in Schlauchleitungen

Fördermenge (l / min)	Lichte Werte (mm / Zoll)	Druckverlust je lfm (mWS)
30	20 mm – ³/₄"	0,12 mWS
50		0,32 mWS
50	25 mm – 1"	0,08 mWS
75		0,19 mWS
100		0,34 mWS
100	32 mm – 1 ¹/₄"	0,11 mWS
150		0,21 mWS
100	40 mm – 1 ¹/₂"	0,03 mWS
150		0,07 mWS
200		0,12 mWS
250		0,15 mWS
200	50 mm – 2"	0,04 mWS
250		0,06 mWS
300		0,08 mWS
350		0,10 mWS
400		0,14 mWS
450		0,17 mWS

Die passende Wasserversorgung

■ Ein Bachlauf kann erst dann funktionieren, wenn zwischen Teich und Bachlauf eine Schlauchverbindung eingebaut wurde, durch die die Wasserzirkulation in Gang gesetzt wird. Aus zweierlei Gründen sollte der Schlauch nicht unterhalb des Bachbetts eingelegt werden: Einerseits muss der Bachlauf bei einer Undichtigkeit des Schlauches einfach geöffnet werden können, andererseits führt der sich schlängelnde Bachlauf zu einer unnötigen Verlängerung des Schlauches, was Reibungsverluste zur Folge hat. Die Schlauchverbindung ist deshalb etwas abseits vom Bachlaufbett zwischen Pumpe und Bachlaufkopf gut aufgehoben. Der Schlauch darf nicht geknickt sein und sollte in einem Leerrohr eingebaut werden (siehe Zeichnung Seite 14/15). Der frostsichere Einbau ist nicht nötig, weil die Zuleitung in einem Gefälle verläuft und mit Stilllegung der Pumpe im Spätherbst entleert wird.

Schläuche und Reibungsverlust

Im Boden vergrabene Schläuche sind starken Belastungen ausgesetzt, deshalb: Am Schlauch zu sparen ist falsch. Die beste Versorgungsleitung ist ein aus PE gefertigter, extrem langlebiger Spiralschlauch mit einer eingearbeiteten Spirale aus Nylon, die äußerst flexibel ist und den Schlauch gleichzeitig druckbeständig macht. An dessen Enden sind zwecks besserer Handhabung bei Reinigungs- und Wartungsarbeiten so genannte GEKA-Kupplungen aus Messing anzubringen, was natürlich auch für die Pumpe und gegebenenfalls den Bachlaufkopf gilt. Der Querschnitt des Schlauches muss dem Durchmesser des Druckstutzens an der Pumpe entsprechen.

Durch Reduktion des Schlauchdurchmessers tritt ein Reibungsverlust auf, der im schlechtesten Fall dazu führt, dass nicht genug Wasser im Bachlauf gefördert wird. Ein weiterer Reibungsverlust ergibt sich zwangsläufig aus der Länge der Zuleitung und dem Höhenunterschied zwischen der Oberfläche des Teiches und dem Bachlaufkopf. Ein Quellstein muss zusätzlich berechnet werden. Eine Übersicht gibt die Tabelle zu Reibungsverlusten in Schlauchleitungen. ■

Berechnung der Pumpenleistung

Eine Berechnung für die richtige Teichpumpe ist relativ einfach zu erstellen. Sie brauchen 100 l Wasser in der Stunde pro Zentimeter Bachlaufbreite (100 l / h / cm). Dafür ermitteln Sie die durchschnittliche Breite des Bachlaufs und multiplizieren diese Zahl mit 100. Zu diesem Wert ist der Druckverlust der Pumpe zu addieren, der sich aus der Differenz

Berechnungstabelle für die Pumpenleistung für einen Wasserfall / Bachlauf

		Pumpenleistung in l / h					
	400	15 000	15 000	15 000	20 000	20 000	20 000
	350	11 000	11 000	15 000	15 000	20 000	20 000
	300	8800	8800	11 000	11 000	15 000	15 000
	250	6600	8800	8800	8800	11 000	11 000
Bachlauf- / Wasserfallhöhe	200	6600	6600	8800	8800	8800	11 000
	150	6600	6600	6600	8800	8800	8800
	100	4400	6600	6600	8800	8800	8800
	50	3300	3300	4400	6600	6600	8800
	cm	20	30	40	50	60	70
		Bachlauf- / Wasserfallbreite					

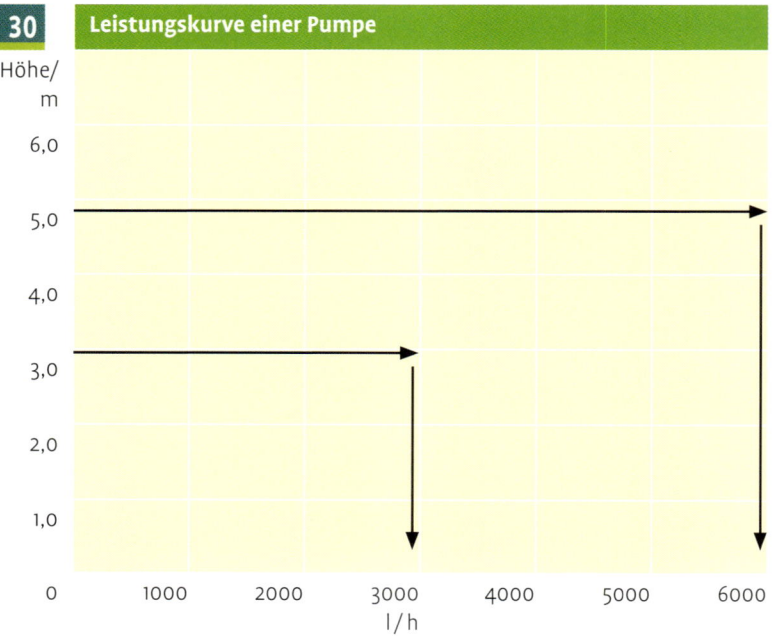

Leistungskurve einer Pumpe

(Höhe/m-Achse: 0, 1,0, 2,0, 3,0, 4,0, 5,0, 6,0 — l/h-Achse: 1000, 2000, 3000, 4000, 5000, 6000)

BEISPIEL

■ Bei einer Bachlaufbreite von 60 cm benötigt man eine Pumpe mit einer Förderleistung von 6000 l/h. Die Förderhöhe zwischen Teichoberfläche und Bachlaufkopf beträgt 300 cm, was einen Förderverlust von 3000 l/h bedeutet (siehe Grafik). Der Quellstein am Bachlaufkopf ist 50 cm hoch; da man pro Zentimeter Steinhöhe mit 60 l/h rechnet, ergibt dies weitere 300 l/h. Addiert man alle Werte zusammen, wird eine Pumpe mit einer Gesamtleistung von 9300 l/h benötigt. Dieser Wert sollte, wenn man ein optimales Wasserbild im Bachlauf haben will, nicht unterschritten werden, eine geringfügige Überdimensionierung der Pumpe stört hingegen nicht. ■

zwischen Teichniveau und der Höhe des Bachlaufkopfs ergibt. Es gibt Pumpenhersteller, die in ihren Katalogen Tabellen abdrucken, aus denen sich diese Werte ableiten lassen. Auch die auf den Verpackungen abgebildeten Leistungskurven helfen (siehe Tabelle oben).

Sich über die tatsächliche Leistung von Teichpumpen zu informieren lohnt sich in jedem Fall. Zu schwach ausgelegte Geräte erfüllen keinesfalls die Erwartungen. Zu starke Pumpen fördern zu viel Wasser und lassen den Bachlauf unter Umständen überlaufen. Ferner muss man bedenken, dass der Stromverbrauch von großen Geräten meistens bedeutend höher ist. ■

Betriebszeiten für einen Bachlauf

■ Im Prinzip kann ein Bachlauf ständig in Betrieb sein, denn er bringt durch seine Wasserbewegung gleichmäßig Sauerstoff in den Teich ein. Eine Ausnahme ist der extrem flache Bachlauf, in dem eher ein Wasserfilm steht. Da hier die Sonne das Wasser schnell erwärmt, kann es zu Sauerstoffmangel im Teich kommen. Damit dieses erwärmte, sauerstoffarme Wasser nicht in den Teich gelangt, sollte man die Pumpe lieber stilllegen. Ein weiterer Grund, den Bachlauf zeitweise abzustellen, kann sein Geräuschpegel sein. Die

Laufzeiten lassen sich über eine Zeitschaltuhr steuern.

Betrieb mit einem Teichfilter

Bei ständigem Betrieb des Bachlaufs ist es sinnvoll, einen Filter zwischenzuschalten. Besonders geeignet sind Druckfilter, die in den Boden eingelassen werden können und damit unsichtbar sind. Eine Auswahl von Filtern finden Sie auf Seite 118/119. Aus der Größe des Teiches ergibt sich die Filterkapazität, dazu erhält man Angaben vom Hersteller, sofern einem die Teichgröße

(Wasservolumen in Kubikmetern) bekannt ist. Bei einem sehr langen und breiten Bachlauf ist dessen Wasservolumen zu berücksichtigen. Wenn Sie Ihren Bachlauf zeitweise abschalten wollen, ist ein Filter nicht zu empfehlen, weil die darin befindlichen Mikroorganismen zur Wasserreinigung absterben und der Filter nicht funktionieren würde. Der Wasserdurchfluss im Filter, führt zu einem Sauerstoffeintrag, der für die Bakterien im Filter die Lebensgrundlage darstellt. Wird bei hohen Außentemperaturen diese Zufuhr unterbrochen, stirbt innerhalb kürzester Zeit ein Großteil der Bakterien ab. Als Folge bricht die Filterung des Teiches zusammen. ■

Bachläufe pflegen und erhalten

■ Darauf kommt es bei der Pflege von Bachläufen an:

✓ Die ständige Kontrolle, ob ein Bachlauf Wasser verliert, gehört zu den wichtigsten Pflegemaßnahmen.

✓ Bei vermehrter Bildung von Fadenalgen im Sommer sind diese vorsichtig zu entfernen.

✓ In regelmäßigen Abständen muss der eingewachsene Pflanzenbestand in unmittelbarer Nähe zum Bachlauf eingedämmt werden.

✓ Strömungsbrecher sind immer wieder zu kontrollieren und gegebenenfalls neu zu justieren.

✓ Im Herbst muss das einfallende Laub möglichst rasch entfernt werden, bevor es sich zersetzt und als Nährstoff in den Teich gelangt oder als Laubhaufen im Bachbett zu einer Richtungsänderung des Wassers führt.

▶ Seerosen an der Mündung eines Bachlaufs sehen zwar sehr attraktiv aus, aber für die Pflanze ist es kein optimaler Standort. Seerosen mögen nämlich nur geringe Wasserbewegung.

✓ Im Spätherbst wird die Pumpe im Keller eingelagert und die Versorgungsleitung entleert.

✓ Im Frühjahr ist die Böschung auf das richtige Höhenniveau zu prüfen und bei Bedarf anzuheben.

✓ Durch Frosteinwirkung kann sich das Plattenmaterial im Bachlauf lockern, was zur Folge hat, dass bei Inbetriebnahme das Wasser unter den Platten hindurchfließt. Mit Teichmörtel TM kann dieser Schaden schnell behoben werden. Als erstes sollte man daher nach dem Winter einen Probelauf machen. ■

Nachträglich einen Wasserfall integrieren

Je mehr Fläche zur Verfügung steht, umso höher und breiter kann ein Wasserfall gebaut werden. Bei großen Grundstücken ergibt sich zudem die Möglichkeit, einen Wasserfall zu strecken, indem man ihn über mehrere Ebenen gestaltet. Dadurch wird der Geräuschpegel deutlich reduziert, außerdem wirkt ein solcher Wasserfall großzügig und naturnah. Wenn der Besucher nicht merkt, dass der Wasserfall künstlich angelegt wurde, ist das Projekt gelungen. ■

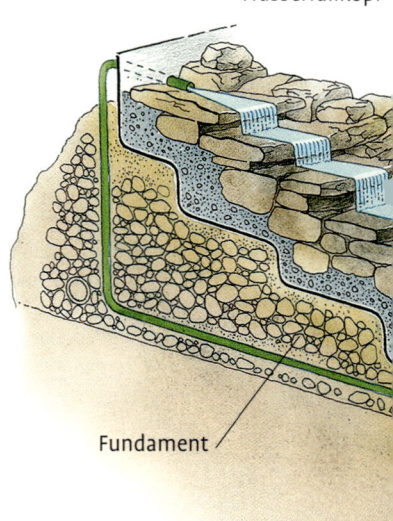

Wasserfallkopf

Fundament

◀ Sobald Wasser mit der entsprechenden Fallhöhe auf Platten auftrifft, verteilt es sich besonders schön.

Welche Stelle ist geeignet?

Um Streitigkeiten mit dem Nachbarn vorzubeugen, ist bereits bei der Planung einiges zu berücksichtigen. Ein etwa 2 m hoher Wasserfall kann geräuschempfindlichen Menschen ziemlich zusetzen und Streit bis hin zur richterlichen Festlegung von Laufzeiten oder sogar die Stilllegung nach sich ziehen. Deshalb muss die Wasserfallanlage grundsätzlich auf das eigene Haus gerichtet und seitlich abgeschirmt sein, zum Beispiel durch Pflanzen. Auch kann man sich mit dem Nachbarn auf bestimmte Laufzeiten einigen. Um unnötigen Stress zu vermeiden, kann die Pumpe des Wasserfalls über eine Zeitschaltuhr geregelt werden. Nachteilig wirken sich die regulierten Laufzeiten nur aus, wenn gleichzeitig ein Filter betrieben wird. ◼

▼ **Anhand der technischen Zeichnung lässt sich gut erkennen, was beim Bau einer freistehenden Wasserfallanlage zu beachten ist. Das gut mit Steinen armierte Fundament, in dem gleichzeitig die Versorgungsleitung untergebracht ist, spielt hierbei die Hauptrolle. Gut erkennbar ist auch der befestigte Rand der Anlage, unter dem sich die Kapillarsperre verbirgt, die einem übermäßigen Wasserverlust entgegenwirkt.**

Fallstufen

Kapillarsperre

Teichquerschnitt:
• Folie
• Vlies
• Sandschicht

Zuleitung

Pumpe

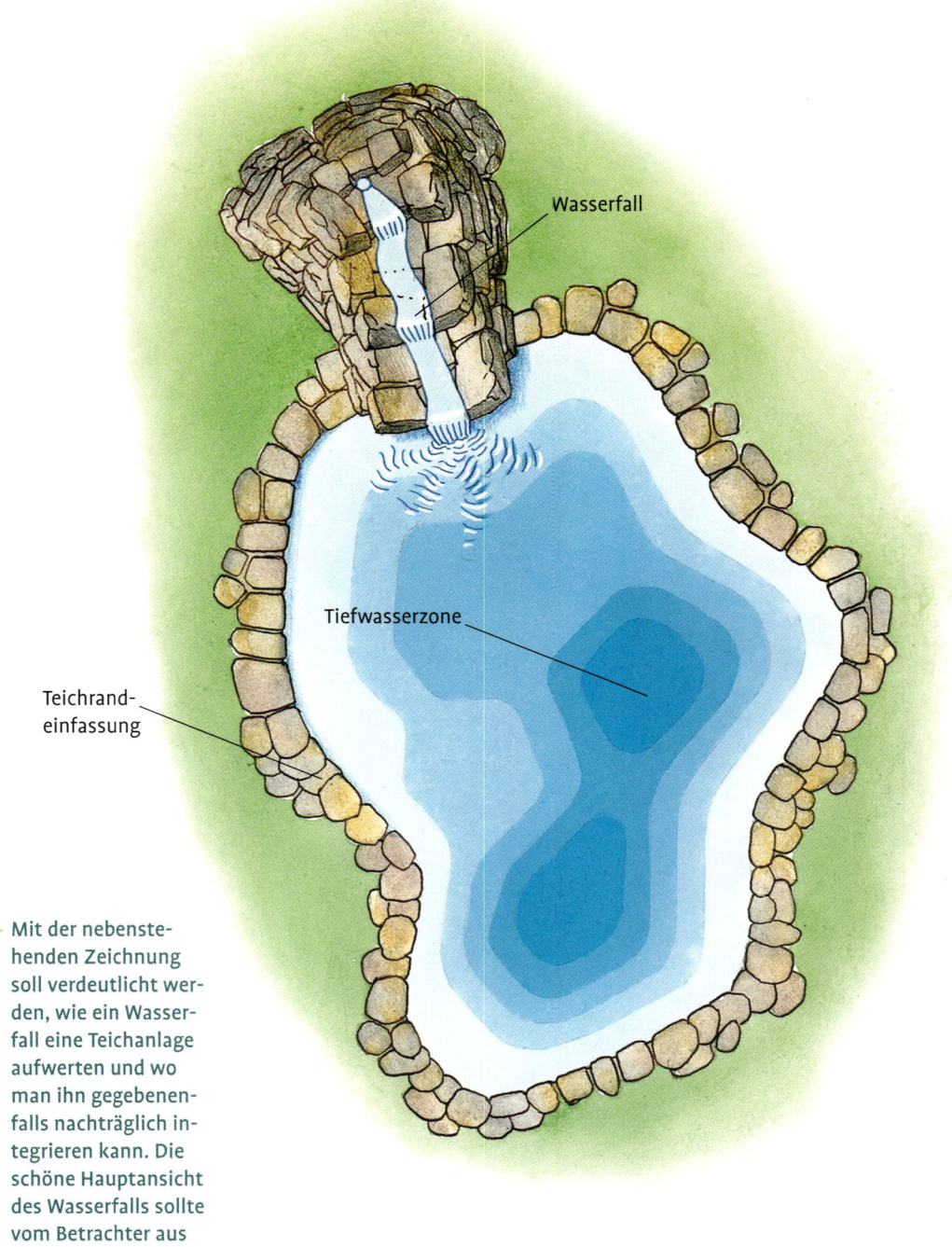

Wasserfall

Tiefwasserzone

Teichrand-
einfassung

▶ Mit der nebenste-
henden Zeichnung
soll verdeutlicht wer-
den, wie ein Wasser-
fall eine Teichanlage
aufwerten und wo
man ihn gegebenen-
falls nachträglich in-
tegrieren kann. Die
schöne Hauptansicht
des Wasserfalls sollte
vom Betrachter aus
gut zu sehen sein.

Wasserfallarten

■ Es gibt unterschiedliche Ausgangssituationen, die sich aus dem Teich beziehungsweise dem Gelände ergeben. Meistens endet der Wasserfall als natürlicher Abschluss eines Bachlaufes und plätschert sanft in einen Teich. Freistehende und teilweise auch recht hohe Wasserfälle sind dann sinnvoll, wenn das Gelände mangels Platz für einen zusätzlichen Bachlauf nicht ausreicht, wobei der Geräuschpegel berücksichtigt werden muss. Interessant sind Wasserfallanlagen, die als Übergang zwischen dicht beieinander liegenden Teichen mit unterschiedlichem Höhenniveau fungieren.

Bevorzugt man anstelle des naturnahen Charakters eher den architektonisch-formalen Stil, kann man das Wasser nicht über Steinmaterial oder Platten, sondern über gerade Holz-, Metall- oder Steinkanten in das nächste Sammelbecken ableiten. Das Wasser ergießt sich dann als schmaler Wasserfilm über die Kante, was sehr elegant aussieht.

An dieser Stelle sind die zahlreichen Fertigbausätze von „Mini-Wasserspielen" zu erwähnen, die man bei den meisten Anbietern von Teichprodukten erwerben kann. Geschickt auf einer Terrasse oder in einem kleinen Steingarten installiert, mögen sie auch ihren Reiz haben. Die Komplettsets beinhalten einen Auffangbehälter, Wasserschalen oder Folie, eine Pumpe und die dazugehörigen Schläuche. Wer wenig Platz hat und sich trotzdem einen Wasserfall wünscht, ist damit nicht schlecht beraten. Nicht zu verwechseln sind diese Komplettsets mit Bachlaufschalen-Elementen aus GfK-Material, das auf Seite 22/23 beschrieben wurde. ■

▼ Dieser kleine Wasserfall wird von einem darüber liegenden Teichbecken gespeist und verfügt deshalb über viel Wasser. Bewacht wird der Wasserfall von einem stattlichen Kranich aus Bronze.

36

Fallhöhe

■ Als Fallhöhe wird die Strecke bezeichnet, die das Wasser vom Austritt bis zum Auftreffen auf den Teich oder das Auffangbecken zurücklegt.

Für einen Wasserfall am Ende eines Bachlaufs: Hier sollte die Fallhöhe maximal 20 cm betragen. Alles was höher ist, steigert den Geräuschpegel. Auch das Teichgefüge wird buchstäblich durcheinander gewirbelt. Eine Fallhöhe über 20 cm bewegt das Wasser außerdem so stark, dass beispielsweise Seerosen schlecht oder nur wenig blühen.

Für einen Wasserfall als Überlauf zum nächsten, darunterliegenden Teich: Hier gelten die gleichen Kriterien, Differenzen können mit Zwischenstufen ausgeglichen werden.

Freistehende Wasserfälle: Sie wirken am besten, wenn das Wasser aus einer Höhe von über 200 cm auf die Auffangfläche fällt. Durch eine möglichst breite, leicht vorgezogene Ablauffläche ergibt sich ein interessantes Wasserbild. Da bei freistehenden Wasserfällen das vorgelagerte Auffangbecken in der Regel klein ist, spielen Wasserqualität und Teichgefüge eine untergeordnete Rolle, denn hier kommt es auf das „herabstürzende" Wasser an.

Fallhöhe bei den „architektonischen" Wasserfällen: Sie ist abhängig von der Breite des Ablaufs, die proportional ausgerichtet werden sollte. Da bei diesen Anlagen das Wasser nur als dünner Film abläuft, entsteht eine Differenz zwischen Ablauf- und Aufprallfläche, beispielsweise beträgt der Höhenunterschied bei einer Breite von 60 cm etwa 20 cm.

Fallhöhe von „Fertigbau-Komplettsets": Hier sind keine Änderungen in der Höhendifferenz möglich, weil sie sich aus der Anzahl der mitgelieferten Wasserschalen und deren Überlappungen ergibt.

◀ **Oben: Klassischer Wasserfall über Steinplatten.**
Mitte: Miniwasserfall, der zwei Teich verbindet.
Unten: Ausgefallen – Wasser aus der Amphore.

Logistik

Beim Bau eines Wasserfalls spielt neben der Materialbeschaffung die Logistik eine Rolle. Wer Steine verwenden möchte, braucht dafür einen geeigneten Lagerplatz. In der Regel lädt der Lieferant das Steinmaterial auf Paletten, lose oder in großen Textilsäcken („Bigbags") vor der Haustür ab. Die Lieferfahrzeuge haben meist eine Abladevorrichtung – Glück hat derjenige, dessen Baustelle im Schwenkradius des Kranes liegt, denn Steine sind schwer.

Die Steine müssen aus der Verpackung genommen, gesichtet und sortiert werden, denn jeder einzelne ist individuell. Je näher der Lagerplatz an der Baustelle liegt, desto einfacher gestaltet sich später die Arbeit. Um die Steine nicht unnötig mit Gartenerde zu verschmutzen, lagert man sie auf Einwegpaletten, die man sich in Baumärkten besorgen kann. ■

WIE DER WASSERFALL DICHT WIRD UND BLEIBT

■ ✓ Das Wasser soll über ein Bauwerk geleitet werden und nicht in Ritzen, Spalten oder seitlichen Abgängen verschwinden.

✓ Als Bodenabdichtung am Standort und seiner Verbindung zum Teich sollte man immer eine Teichfolie verwenden. Eine PVC-Teichfolie in der Stärke 0,5 bis 1,0 mm reicht aus.

✓ Die Teichfolie sollte vor Baubeginn mit dem Teich / dem Auffangbecken verbunden werden. Hilfreich: ein etwa 8 cm breites, hauchdünnes, beidseitig klebendes Folienband auf der Rolle. Damit können Teichfolienarten unterschiedlichster Qualität, Folienstärke und Art (PE, PCV, EPDM) und sogar die glatte, versiegelte GfK-Oberfläche mit einer Folie verbunden werden.

✓ Voraussetzung ist ein sauberer, trockener Untergrund. Die zu verbindenden Folienteile sollten nicht länger als 150 cm sein, und sie müssen danach zug- und druckfrei im Boden liegen.

✓ Die Dichtigkeit eines Wasserfalls hängt besonders von seinen Ablaufflächen ab, in die man auch flache Mulden einarbeiten kann. Durch möglichst gleichmäßige Flächen lässt sich ein Wasserverlust durch seitlichen Ablauf oder Spritzverlust vermeiden.

✓ Wenn der Wasserfall über mehrere aufeinander gestellte Steine ablaufen soll, müssen die Fugen perfekt abgedichtet sein. Ist dies nicht der Fall, geht das Wasser zwar nicht verloren, aber es läuft auf der Folie unter den Steinen hindurch und bietet ein enttäuschendes Wasserbild. Abhilfe schaffen wasserfeste Mörtelarten, die man am besten von vornherein einsetzt, oder der Einbau eines überstehenden Ablaufsteins. ■

Der Wasserfall als Abschluss eines Bachlaufs

■ Wer Platz für einen Bachlauf im Garten hat, hat meist auch die Möglichkeit, den Einlauf in den Teich in einen Wasserfall zu verwandeln. An der ausgewählten Stelle bereiten Sie das Gelände und die geplanten Stufen Schritt für Schritt vor. Diese Kombination mit einem Wasserfall macht den Bachlauf noch interessanter und bringt mehr Wasserbewegung ins Spiel.

Schritt-für-Schritt
Den Wasserfall am Ende eines Bachlaufs bauen

1 Zunächst ermitteln Sie die Höhe zwischen Wasserfallkopf und Einlauf, gleichzeitig legen Sie die Länge der Strecke fest. Dafür brauchen Sie eine Wasserwaage mit Laserfunktion, einen Zollstock und ein Rollbandmaß. Anhand der gewonnenen Maße lässt sich leicht die Anzahl der Stufen sowie deren

Tiefe festlegen. Wenn genügend Platz vorhanden ist, machen sich kleine Richtungsänderungen sehr hübsch. Die Stufen und ihr Höhenniveau sollten mit Holzpflöcken markiert werden.

2 Nach dem Erdaushub und einer Feinplanierung werden die Flächen 2–3 cm hoch mit einer feinen Sandschicht ausgekleidet, um Unebenheiten auszugleichen. Auf diese Sandschicht wird eine großzügig bemessene Teichfolie aufgelegt und mit dem Teich sowie dem Ende des Bachlaufs wasserdicht

▲ Dieser Wasserfall wurde besonders platzsparend gebaut, dafür verfügt er über besonders hohe Fallstufen.

verbunden. Die Folie sollte im Randbereich beidseitig mindestens 30 cm überstehen. Knicke oder Biegungen dürfen nicht in Falten verlegt werden, sondern müssen aufgeschnitten und neu verbunden werden, weil große Falten später Wasser ableiten können.

3 Direkt am Teichrand beginnen Sie mit dem Einbau einer Platte, welche die Fallhöhe des Wasserfalls bestimmt. Unmittelbar hinter dieser Platte, noch vor der ersten Stufe, sollte ein flaches, den

Proportionen des Wasserfalls entsprechendes Auffangbecken geplant werden. Es wirkt als „Wasserfallbremse" und verhindert den allzu ungestümen Wassereinlauf direkt in den Teich. Die Fixierung der Platte am Einlauf, die mit einem leichten Überstand befestigt werden sollte, muss sehr sorgfältig ausgeführt werden und setzt eine Modellierung des Teichrands voraus. Je exakter die vordere Ablaufkante ist, desto schöner läuft später das Wasser ab. Auch winkelige Formsteine wie L- und U-Steine können eingesetzt werden. Für eine wasserdichte Fixierung nehmen Sie Teichmörtel TM. Mit ihm lassen sich sowohl das vorgelagerte Auffangbecken modellieren als auch alle weiteren Stufen

aus Steinen oder Platten dauerhaft befestigen.

4 Für den Einbau von Einzelstufen aus größeren Steinen oder auch Findlingen braucht man einen kleinen Bagger. Wenn die nachfolgenden Stufen nicht nur aus einem Stein oder einer Einzelplatte bestehen, arbeitet man bei der Stufengestaltung immer von der Mitte aus nach rechts und links und gestaltet auf diese Weise Fallstufe um Fallstufe bis zum Anschluss an den Bachlauf.

5 Die Randgestaltung des Wasserfalls ist von der Anordnung der Stufen abhängig und sollte mit dem gleichen Steinmaterial wie diese auf der überstehenden

Unterlegfolie ausgeführt werden, denn gerade in diesem Bereich sind Wasserverluste vorprogrammiert. Danach noch sichtbare Folienreste können Sie mit einem Teppichmesser abschneiden oder einfach mit Kies bedecken. Für die Dekoration eignen sich neben Geomaterial vor allem Wurzeln und bemooste Äste und Stämme. Die Krönung aber sind die Pflanzen: Unzählige Stauden, Gräser, Farne und Kleingehölze stehen hier zur Verfügung. ■

Am besten nutzen Sie bereits vorhandene Gartenelemente wie Trockenmauern, eine Anhäufung von Steinen oder natürliche Geländeabstufungen in Teichnähe. Eine Mauer in Teichnähe braucht ein frostsicheres Fundament mit einer Tiefe von 60–80 cm, denn das Steinmaterial hat ein enormes Gewicht und wird nur auf diese Weise dauerhaft fest stehen.

Der freistehende Wasserfall

■ Ein freistehender Wasserfall ist die richtige Entscheidung, wenn man wenig Platz im Garten hat, aber nicht auf dieses schöne Wasserelement verzichten möchte. Bei der Planung ist auch hier wieder auf den Geräuschpegel zu achten, außerdem gibt es eine Reihe optischer Aspekte. Oft entdeckt man an Teichen Gebilde, die wie Fremdkörper wirken und weder einen Bezug zum Garten noch zum Teich haben. Größere, dauerhafte Pflanzen helfen, diese Bauwerke zu kaschieren – aber besser ist, sie erst gar nicht zu bauen. Zum Kaschieren sollte man nur immergrüne Laubgehölze verwenden.

Wenn es nicht möglich ist, den freistehenden Wasserfall in unmittelbarer Nähe zum Teich zu betreiben, kann ein kleiner Bachlauf vom Wasserfall zum Teich führen. Diese Möglichkeit ist auch dann eine Lösung, wenn Wasser aus größeren Fallhöhen nicht unmittelbar in den Teich stürzen, sondern in einem Vorbecken aufgefangen werden soll. Dessen Größe wird von der Wassermenge und der Fallhöhe bestimmt.

Über eine Teichpumpe und einen Schlauch können Wasserfälle relativ einfach betrieben werden. Er sollte so befestigt sein, dass der Betrachter ihn nicht sieht. Als „Quelle" gibt es so genannte breite Wasserfalldüsen, die das Wasser an der Austrittstelle des Schlauches gleichmäßig verteilen. Bei allen freistehenden Wasserfällen muss die Platte im Auslaufbereich ausreichend weit in den Teich hineinragen. ■

◀ Wasserfälle lassen sich auch so gestalten, dass sie das Hauptelement am Teich sind. Der sehr große, aus Kalkstein gebaute Wasserfall, dominiert hier den eher kleinen Teich.

Der Wasserfall als Verbindung zu einem anderen Teich

■ Wer zwei Teiche von unterschiedlichem Höhenniveau miteinander verbinden will, muss einiges an Vorarbeit leisten.

Schritt-für-Schritt
Den Wasserfall als Teichverbindung bauen

1 Wählen Sie die passende Stelle für den Wasserfallübergang sorgfältig aus, sie muss vor allem im Sichtbereich des Betrachters liegen. Dann kann man sehr schöne Wasserspiegelungen erleben.

2 Wenn Sie sich entschieden haben, lassen Sie den oberen Teich bis knapp unter die spätere Überlauffläche ab. In diesem Bereich muss nun eine Barriere gebaut werden, an deren Mittelpunkt später der Überlauf montiert wird; hierfür ist exakt festzulegen, wie hoch später der Wasserstand des Überlaufteiches sein soll.

Für die Barriere lassen sich die unterschiedlichsten Baumaterialien verwenden. Auch unimprägnierte Kanthölzer sind bestens geeignet. Kleine Betonmauern mit einer Holzverblendung, Sichtmauerwerk aus Ziegelsteinen, Natursteinmauern oder einfache kleine Trockenmauern sind weitere Möglichkeiten für eine Barriere. Auch das Aufstellen von Baumstammabschnitten, die wie eine Palisade zusammengestellt werden, ist eine schöne Alternative. Wem dies zu rustikal ist, der kann im Holzhandel vorgefertigte Palisadenhölzer

kaufen. Aber bitte auch in diesem Fall kein imprägniertes Holz verwenden!

3 Für was Sie sich auch entscheiden: Die Barriere muss auf einem kleinen frostsicheren Fundament errichtet werden. Wenn Sie Hölzer verwenden, bauen Sie diese am besten gleich mit in das Fundament ein. Die Rückseite der Barriere, die der Wasserfläche des oberen Teiches zugewandt ist, sollte in jedem Fall durch eine Folie vor Feuchtigkeit geschützt werden. Von Holzimprägnierungsmitteln ist abzuraten, da sie ständig Substanzen abgeben, die dem Teichleben nicht gut tun. Bei Mauerwerken verwenden Sie wasserdichte Putzarten.

4 Für den eigentlichen Überlauf ist handwerkliches Geschick nötig. Sie sollten ein Kupferblech börteln und mit einer Lötlampe umgehen können. Wem dies nicht gegeben ist, der kann sich mit den genauen Maßangaben an einen Dachdecker wenden. Mit einem Einlaufblech auf der Rückseite versehen sowie einer rechts- und linksseitig angebrachten Börtelung erhält man einen perfekt funktionierenden Wasserfallüberlauf zum nächsten, darunterliegenden Teich (siehe Zeichnung auf Seite 41).

Das Wasser läuft besonders gut ab, wenn das Blech an der Auslaufstelle nach unten gebogen wurde. Zum Schluss muss das

Blech am Überlauf gut befestigt werden. Anbohren sollte man es nicht, aber es kann für einen sicheren Sitz mit Silikon verklebt und eingeklemmt werden. Die reibungslose Funktion eines solchen Übergangs hängt maßgeblich von einer sehr genauen Arbeitsweise ab. Anhand der nebenstehenden Zeichnung sind die wichtigsten Arbeitsschritte nochmals bildlich dargestellt.

Bevor die einzelnen Bauelemente dauerhaft zusammengefügt werden, sollten sie auf Passgenauigkeit überprüft werden. Ganz besonders wichtig ist, dass der Überlauf sehr genau in Waage liegt. Die Börtelung des Überlaufs, wie sie auf der Zeichnung auf Seite 41 zu erkennen ist, sorgt für einen schönen Wasserablauf und verhindert gleichzeitig, dass Wasser unter die Klebestelle gelangen kann.

Ein weiteres Problem könnte sich durch die Fixierung der Folie ergeben, die in Form einer wasserdichten Verbindung an der Barriere des Überlaufs erstellt werden muss. Dieser Schwachpunkt kann mit Hilfe von Silikon oder anderen Dichtungsbändern soweit befestigt werden, dass hier kein Wasserverlust auftreten kann. Recht gut bewährt haben sich hierzu auch schmale Bänder aus Edelstahl, die so angesetzt werden, dass die darunter liegende Folie damit angedübelt bzw. geschraubt werden kann. ■

Das fertige Blech für den Überlauf wird auf der Unterseite mit mehren Silikonstreifen Versehen, die aus einer Kartusche gepresst werden. Zur besseren Verteilung trägt man die Streifen wellenförmig auf.

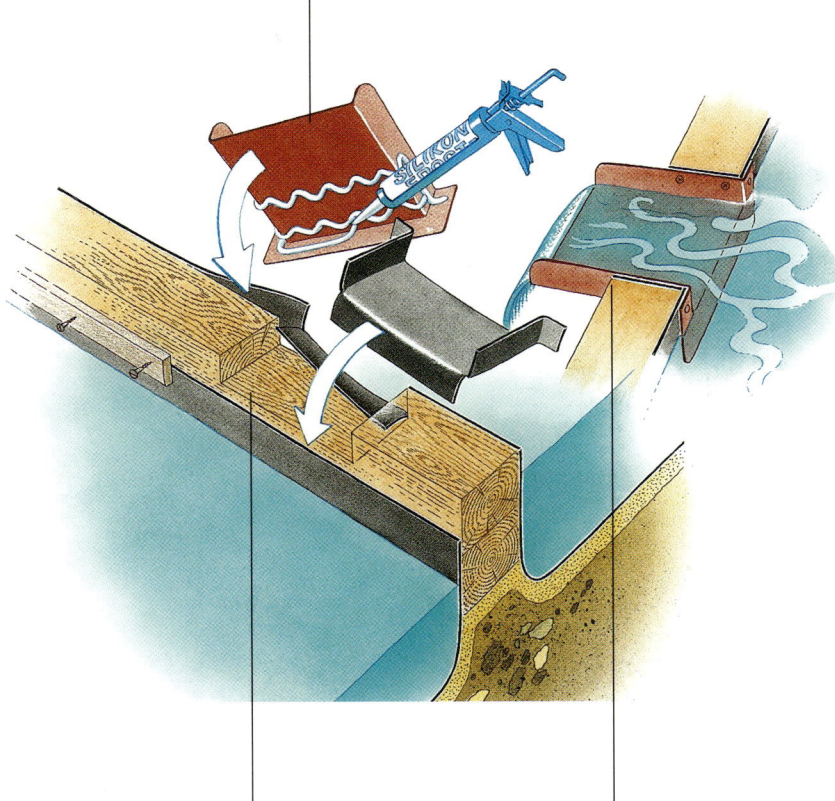

Das mit Silikon versehene Blech kann nun in die passgenaue Aussparung in der Holzbarriere eingefügt werden. Es muss sehr gut angedrückt werden und benötigt zum Abbinden ca. einen Tag.

Auf der letzten Abbildung erkennt man die eigentliche Funktion des Bleches und wie wichtig dafür ein passgenaue Einbau ist. Wasserverlust und ein ungleichmäßiges Wasserbild wären anderweitig die Folge.

42 Geeignetes Material für einen Wasserfall

■ Für den Bau eines Wasserfalls eignen sich drei Formen von Steinen, die naturbelassen und in den unterschiedlichsten Materialarten erhältlich sind: runde Kiesel oder Findlinge, plattig vorliegendes Material und Bruchsteine in sämtlichen Größen. Alle lassen sich zu ganz natürlich wirkenden Wasserfällen verarbeiten. Eine vierte Variante sind Natursteine, aus denen beispielsweise Platten, Stelen und Quader hergestellt wurden. Sie sind relativ einfach zu handhaben, eignen sich aber mit ihrer Gestalt eher für formale, geometrische Wasseranlagen. Zu allen Steinarten gibt es im Fachhandel ein unüberschaubares Angebot, größtenteils handelt es sich dabei um Importware.

Nicht immer kann im Garten schweres Steinmaterial verarbeitet werden. Eine Alternative sind vorgeformte Wasserfallelemente aus Steinimitat aus unterschiedlichen Materialien wie Glasfaserbeton,

PRAXISTIPP

■ Das vom Blech abgegebene Kupfer hilft im Teich gegen übermäßigen Algenwuchs. Bei Fischbesatz sollte man auf den Kupfereintrag allerdings verzichten. ■

Polyurethan oder Glasfiber. Diese Elemente werden in allen möglichen Strukturen, Farben und Formen hergestellt, sogar Schieferoptik ist möglich (siehe auch Seite 25). Es gibt flache oder breite Modelle, mit denen sich schluchtenförmige Verläufe oder Fallhöhen mit integrierten Auffangschalen und zusätzlichen Stufen kombinieren lassen. Das Verlegen entspricht dem Einbau von Bachlaufschalen. Ein Verkleben oder Aufstellen auf Teichfolie ist nicht nötig, die Übergänge der Formteile passen zusammen und sind an den Übergängen wasserdicht. Der Einbau im Gelände ist einfach, muss aber sorgfältig ausgeführt

werden. Der Randbereich der Einzelelemente ist leicht in den Erdboden einzulassen und mit Natursteinbrocken zu fixieren. Nach dem Einbau sind die Steinimitate von natürlichem Gestein nicht zu unterscheiden.

Frostsicherheit am Wasserfall

Je nach Bauart wird man nicht darum herumkommen, für den Wasserfall ein 60 – 80 cm tiefes Fundament aus Magerbeton zu errichten. Das gilt vor allem, wenn sich ein freistehender Wasserfall nahe am Teichrand befindet. Hier sollte auch Baustoffgewebe als Armierung integriert werden, denn nur so sackt das Bauwerk nicht ab oder fällt gar um. Auch bei größeren Findlingen, die in einem Hang mit einem Gefälle von über 40 ° eingebaut werden, ist ein kleines frostsicheres Fundament sinnvoll. Jeder Gartenfreund ist bemüht auf Beton im Garten zu verzichten, aber bei diesen Situationen ist er aus Sicherheitsgründen unersetzlich. Legen Sie Fundamente so an, dass sie später noch bepflanzt werden können. ■

▼ Große Kiesel eignen sich für den Randbereich von Wasserfällen.

▼ Wasser, das über Steinpatten fließt, bildet besonders schöne Strukturen.

▼ Bruchsteine sollten besser vermauert werden.

Wassermenge und Pumpenwahl

■ Wie beim Bachlauf wird auch für den Wasserfall die Wassermenge dem Teich entnommen und wieder dorthin zurückgeführt. Beim Kauf der Pumpe sollte auch hier nicht gespart werden. Eine zu stark fördernde Pumpe kann immer gedrosselt werden, eine zu schwache Pumpe hingegen ist unzweckmäßig. An dieser Stelle sei auf die zur Berechnung notwendigen Grundlagen verwiesen (siehe Seite 29): Man benötigt etwa 100 l Wasser pro Zentimeter Wasserfallbreite pro Stunde (100 l / c m / h). Der Druckverlust durch die Förderhöhe und bei längeren Schlauchverbindungen über 10 m muss einkalkuliert werden.

Welche Pumpe eignet sich?
Für ein optimales Wasserbild und einen angepassten Geräuschpegel werden große Wassermengen benötigt, die ohne nennenswerten Druck zum Wasserfallkopf gefördert werden. Im Teichzubehörhandel erhalten Sie Wasserfall-/ Bachlaufpumpen, die mit einem besonders großen Druckstutzen ausgestattet sind und keinen Vorfilterschwamm haben. Im Gehäuseteil sind größere Öffnungen und das Förderrad kommt mit Schmutz und Schwebteilchen im

▶ **Bei diesem großen Wasserfall wurden verschiedene Steinarten und -formen verbaut. Besonders interessant sind die großen Schiefer-Stelen, die hinter dem roten Ahorn im Boden verankert sind.**

Teichwasser zurecht. Die Pumpe sollte nahe am Wasserfall und nicht zu tief im Wasser installiert werden.

Wasserfall und Filter
In den meisten Fällen wird ein Wasserfall mit einer Pumpen-Filter-Kombination betrieben, diese funktioniert jedoch – wie auch beim Bachlauf – nur bei ständigem Betrieb.

Einen Wasserfall mit einem Filter zu betreiben ist optimal, denn Wasser, das durch einen Teichfilter geleitet wird, ist nach Durchlaufen der einzelnen Filterstufen praktisch sauerstofffrei. Durch den Rücklauf über den Wasserfall wird es durch die Verwirbelung automatisch wieder mit großen Mengen Sauerstoff angereichert,

bevor es in den Teich zurückgelangt. Ferner ist ein Wasserfall hervorragend geeignet, um den wenig dekorativen Teichfilter dahinter zu verstecken. In dem Augenblick allerdings, in dem der Wasserfall wegen des Geräuschpegels immer wieder abgeschaltet wird, funktioniert das System nicht: Sobald die Wasser- und damit die Sauerstoffversorgung in einem Teichfilter unterbrochen wird, sterben die Mikroorganismen ab und der Filter bewirkt gar nichts mehr – dies umso schneller, je höher die Außen- beziehungsweise Wassertemperatur (siehe auch Seite 109). ■

BEIM KAUF BEACHTEN

■ ✓ Vergleichen Sie die Preise
✓ nehmen Sie nur frostsicheres Material
✓ verwenden Sie keine unterschiedlichen Gesteinsarten ■

Wasserspiele installieren

Jeder Händler, der Teichpumpen anbietet, hat auch Wasserspieldüsen im Programm. Neben den klassischen Düsen wie Wasserglocke, Kaskade oder Schaumquell gibt es zahlreiche Produkte mit erstaunlichen Wasserbildern. Düsen mit neuartiger LED-Lichttechnik wirken fast magisch. Man kann den Teich sogar bei Dunkelheit genießen, wodurch er zum Tag- und Nachterlebnis wird. ∎

Mit der Installation eines Wasserspiels unternimmt man aber auch eine Gratwanderung. Man sollte sich sehr gut überlegen, ob man die optische Wirkung der Teichanlage auf diese Weise verändert. Neben allen bekannten Vorteilen, die größtenteils im nebenstehenden Kastentext aufgeführt sind, läuft man schnell Gefahr etwas Kitschiges zu installieren. Ein Wasserspiel muss einfach zu der bestehenden Teichanlage passen und sich in die Gestaltung der gesamten Gartenanlage einfügen. Hat man sich einmal für einen Stil entschieden, muss man auch in diesem Sinne weiter planen. Ein rein biologisches Biotop ist dann nicht mehr vorhanden.

Durch die vielen technischen Neuerungen, wie Interwallschaltungen, Zeitschaltuhr oder Lichtkombinationen, sind Wasserspiele aber auch sehr variabel. Je nach persönlicher Stimmung können Sie das passende Bild wählen. Den größten Vorteil von Wasserspielen muss man aber nach wie vor in der Wasserumwälzung und der permanenten Sauerstoffeinbringung in das Teichwasser sehen.

◀ Solche belebenden Wasserkaskaden sind in unterschiedlichen Größen erhältlich. Je nach Hersteller kann das Wasserbild unterschiedlich eingestellt und variiert werden.

Welches Wasserspiel passt?

■ Welches Wasserspiel passt, ist abgesehen von einigen physikalischen Regeln Geschmackssache. In jedem Fall bedarf es einer wohlüberlegten Installation, nicht zuletzt auch, weil falsch installierte Wasserspiele bei Wind rasch zu spürbarem Wasserverlust führen. ■

VOR- UND NACHTEILE VON WASSERSPIELEN

■ Mit einer einfach zu installierenden Steuertechnik, die mit nur einem Gerät auskommt, lassen sich verschiedene Wasserbilder und ein vollkommen neues Wassererlebnis erzielen. Optische, chemische und akustische Effekte sind die Folge.

✓ Wenn Wasser sich bewegt, wird eine langweilige oder veraltet wirkende Wasserstelle plötzlich interessant.

✓ Jedes Wasserspiel führt zur Wasserbewegung und damit zu zusätzlichem Sauerstoffeintrag.

✓ Plätscherndes oder rauschendes Wasser wirkt auf die meisten Menschen beruhigend. Dennoch kann dies zum Zankapfel werden, denn was dem einen Musik in den Ohren ist, empfindet der andere als Lärm. Zeitschaltuhren, die den Betrieb regeln, schaffen Abhilfe.

✓ Eine heftige Wasserverwirbelung und starke Strömung durch Wasserspiele vertragen viele Teichbewohner nicht, das Gleiche gilt für eine starke Vermischung der Wasserschichten.

✓ Manche Wasserspiele, beispielsweise die Wasserglocke, tragen zur Wassererwärmung bei, weil sich ihr hauchdünner Wasserfilm bei Sonnenschein schnell erwärmt. ■

▲ Durch die Schaumdüse wird mit jedem Wasserschwall Sauerstoff ins Wasser eingebracht.

Unterbaumaßnahmen für die Teichpumpe. Ein und dasselbe Gerät ist meist in mehreren Größen erhältlich, es kann nur mit der jeweils passenden Pumpe betrieben werden. Die Wasserbilder unterscheiden sich in Höhe und Breite erheblich.

Die Schaumquelldüse

Sie erzeugt einen 15–65 cm hohen, leicht zischenden Schwall, der aus Wasser und Luft ein schaumartiges Wasserbild schafft. Mit jedem Schwall wird atmosphärischer Sauerstoff mit in den Teich gespült, was besonders im Sommer dem Teichgefüge gut tut. Knapp unterhalb des Düsenendes befinden sich mehrere Bohrungen, die nach dem Einbau über der Wasserfläche noch zu sehen sein sollten. Wie bei allen Düsenformen ist dabei auf einen korrekten und exakt senkrechten Sitz zu achten. Schaumdüsen sind aus Kunststoff oder Metall gefertigt und mit einer integrierten LED-Beleuchtung erhältlich.

Formenreichtum von Wasserspielen und Düsen

■ Neben den Standarddüsen gibt es zahlreiche Neuheiten einschließlich kleiner Solaraggregate, die auch in einem Schrebergarten ohne Stromanschluss funktionieren. Hinzu kommen hochwertige Bronze- oder Messinggeräte, die sich für größere Vorhaben und sogar für Licht- und Wasserorgeln eignen. Wasserdüsen aus Buntmetall sind zwar bedeutend teurer, sie zeichnen sich aber durch eine hohe Spritz- und Sprühgenauigkeit aus, was bei Kunststoffdüsen nicht immer der Fall ist. Heute ist nahezu jeder Pumpe ein Steigrohr beigelegt. Etliche Anbieter vertreiben schwenkbare Steigrohre mit Teleskopverlängerung mit mechanischem Druckregler Die Platzierung im Teich ist simpel und erfordert keine komplizierten

Die Wasserglocke

Am Kopf der Düse tritt ein glockenförmiger, hauchdünner Wasserschirm aus. Dessen Höhe ist von der Einbautiefe, seine Breite von der Pumpe abhängig. Auch sind Geräte auf dem Markt, deren Schirmbreite sich über die Durchflussmenge regulieren lässt. Wasserglocken sollte man möglichst in schattigen, windgeschützten Bereichen platzieren, denn schon ein Windhauch führt zu einem völlig veränderten Wasserbild und eventuell auch zu Wasserverlust. Die Schirmbreite der Wasserglocke beträgt je nach Einstellung beziehungsweise Pumpenstärke 15–55 cm.

▼ Eine Schauanlage mit unterschiedlichen Wasserspielen.

Die Kaskade

Kaskaden gehören zu den Klassikern unter den Wasserspielen. Sie haben einen etagenförmig aufgebauten Düsenkopf, der das Wasser in unterschiedlichen Höhen und Sprühwinkeln abgibt. Der Umfang des Wasserbilds hängt von der Größe des Düsenkopfs und der Stärke der Pumpe ab. Bei hochwertigen Geräten, auch aus Kunststoff, kann durch Verdrehen der einzelnen, deckelförmig angebrachten Düsenetagen das Wasserbild verändert werden.

Es lohnt sich, wegen ihrer Präzision Modellen aus Buntmetallen den Vorzug zu geben. Die Sprühhöhen variieren stark, sie beginnen bei etwa 55 cm und können bei weit über 500 cm enden.

Die Tulpe oder der Blütenkelch

Der austretende Wasserschwall erinnert an eine Blüte. Durch Sperren im Steigrohr wird der Wasserschwall im Rohr gespreizt und oben trichterförmig herausgepresst. Eine hübsche Düsenart, die sich gut für kleinere Wasseranlagen eignet. Die Spritzhöhen betragen 30–60 cm.

Ausgefallene Wasserspiele

Dazu gehören attraktive Düsentypen, Formen aus besonderen Metallen sowie Wasserspiele, die sich durch ihr Wasserbild von anderen Düsen deutlich unterscheiden. Auch Kombinationen sind möglich. Besonders schön sind Edelstahlröhren mit einem jeweils anderen Wasserauslass, die als

▶ Mittels starker Teichpumpen spritzen die Schaumdüsen sehr hoch.

Gruppe im Teich stehen. Wiederentdeckt wurden Wasserspiele, die durch eigene Kraft in Bewegung geraten und auf diese Weise interessante, sich immer wieder verändernde Wasserbilder produzieren (Twister, Pirouette).

Schön sind auch am Teichrand platzierte Wasserspiele, die in Intervallen einen dicken Wasserstrahl abgeben, der abrupt unterbrochen wird: Der Strahl reißt ab, das Wasser aber fliegt weiter. Solche Systeme sind in ein- oder mehrstrahligen Ausführungen und mit LED-Beleuchtung erhältlich. Selbst schwimmende Geräte, die über ein integriertes Steuerprogramm nach dem Zufallsprinzip sich ständig verändernde Wasser- und Lichteffekte erzeugen, bietet der Handel an. Bei der Installation muss auf eine Schwimmbegrenzung geachtet werden, damit die kleine Plattform nicht zu dicht an den Teichrand gerät.

Steuerungsmöglichkeiten für Wasserspiele: Per Fernbedienung ist es möglich, aus einer Distanz von etwa 30 m eine im Wasser stehende Pumpe samt Wasserspiel ein- und auszuschalten. Bei leistungsstarken Geräten kann mit einem Knopfdruck sogar die Fördermenge verändert werden, was allerdings eine Asynchronmotorpumpe voraussetzt. Mit dieser Art von Fernbedienung lassen sich gleichzeitig mehrere Wasserspiele schalten. Weiterhin gibt es computerbetriebene Wasserspielanlagen,

die in der Lage sind, unterschiedliche Programme abzuspielen und diese mit Licht und Musik zu untermalen.

Schritt für Schritt
Wasserspiele installieren

1 Die Spritzhöhe der Düse hängt unter anderem von ihrer Platzierung im Teich oder im Becken ab: Nach oben sprühendes Wasser reagiert auf anhaltenden Wind oder Windböen sensibel und wird abgedriftet. Als Faustregel gilt: Die Spritzhöhe darf nicht größer sein als die Strecke zwischen Düse und Teich- / Beckenrand.

2 Da die Spritzhöhe einer Wasserdüse auch von der Pumpe abhängt, kommt es auf die richtige Auswahl an. Sie sollten sich auf jeden Fall für eine Pumpe mit eigenem Vorfilter entscheiden. Filterpumpen, die gleichzeitig den Teichbetrieb und den Wasserfall regeln, fördern auch Schmutzteile aus dem Wasser, die die feinen Bohrungen der Düsen verstopfen.

3 Um einer kräftigen Wasservermischung im Teich vorzubeugen, sollte die Pumpe im Flachwasserbereich eingebaut werden. So

lassen sich Pumpe und Wasserspiel auch einfacher warten, weil man besser drankommt.

4 Die Pumpe und das Wasserspiel erzeugen häufig leichte Vibrationen. Um diese zu vermeiden, klemmt oder befestigt man die Pumpe mit Steinen an ihrem Standplatz.

5 Achten Sie unbedingt auf eine absolut senkrechte Position: Je höher die Düse spritzt, desto wichtiger ist der präzise Einbau. Ein in Schieflage geratenes Wasserbild wirkt unschön, darüber hinaus besteht die Gefahr, dass Wasser über den Rand spritzt und der Teich sich rasch leert.

6 Nicht immer muss ein Wasserspiel unmittelbar am Druckstutzen der Pumpe montiert werden, man kann es auch über eine Schlauchleitung an einem Stativ befestigen. Dieses ist mit Steinen im Teich zu sichern, damit es nicht verrutscht.

7 Die Schlauchenden fixiert man mit Schellen aus Edelstahl, die zwar etwas teurer, aber nicht innerhalb eines Jahres verrostet sind. ■

Wissenswertes zu Wasserspielen

Wasserbedarf

Einen festgelegten Wasserbedarf kennt man bei Düsen nicht. Er ist abhängig von den genormten Anschlüssen, sie fangen bei 0,5 Zoll an und können je nach Düsenart auch größer sein. Man unterscheidet zwischen Schraub- und Steckverbindungen. Der Anschluss wird immer mit einem Steigrohr gleichen Durchmessers zusammengefügt. Damit wird festgelegt, wie viel Wasser hindurchfließen kann und welche Spritzhöhe sich ergibt. Werden die Anschlüsse im Querschnitt reduziert, spritzt die Düse höher, weil das Wasser mit erhöhtem Druck durch das Rohr gepresst wird.

Spritzhöhenberechnung

Für die Installation von Wasserdüsen sind keine komplizierten Berechnungen anzustellen. Verpackungen sowie Kataloge und Prospekte der Hersteller sind enthalten verlässliche Produktbeschreibungen sowie Hinweise, wie hoch eine Düse mit einer bestimmten Pumpenstärke sprüht. Dazu gibt die Tabelle auf Seite 48 einen Überblick.

In gut geführten Fachmärkten und Gartencentern sind oft Musteranlagen mit unterschiedlichen Düsentypen aufgebaut, was natürlich einen besseren Eindruck vermittelt als jedes Bild oder eine Tabelle.

Die Pflege von Wasserspielen

Die feinen Düsen setzen sich mit der Zeit mit Schmutz zu und müssen gereinigt werden; es reicht, wenn man sie gründlich auswäscht. Hartnäckiger sind Kalkablagerungen, die die Düsen verstopfen und das gewohnte Wasserbild verändern. Versuchen Sie auf keinen Fall, einen spitzen Gegenstand in die Bohrungen zu stoßen. Damit würde sich die Größe der Öffnung und unter Umständen auch die Sprührichtung verändern. Legen Sie die verkalkte Düse einfach für mehrere Stunden in verdünnte Essigsäure.

Kleine Materialkunde

Wasserspiele werden aus den unterschiedlichsten Materialien hergestellt. Ausgefallene Wasserdüsen, die sich insbesondere durch ihre Größe und ein extravagantes Wasserbild auszeichnen, werden immer noch gerne aus Bronze gefertigt. Erhältlich sind solche Wasserspiele in guten Fachgeschäften, wo man sie auch in Funktion sehen kann, bevor man sich zum Kauf entschließt. Eine derartige Anschaffung lohnt sich nur für größere Teichanlagen.

Ein anderes, recht weit verbreitetes Material ist Edelstahl. Der Vorteil dieses Materials besteht darin, dass die Bohrungen für das Wasserspiel sehr genau sind und somit ein akkurates Wasserbild entsteht. Edelstahl verändert seine Oberflächenstruktur nicht, dadurch sind die Wartungsarbeiten an den Düsen minimal. Kalkablagerungen, die sich zwangsläufig auf der Oberfläche bilden, können meist mit einem weichen Lappen entfernt werden.

Wasserspiele aus Buntmetallen wie Kupfer oder Messing werden oft als kleine Kunstobjekte gehandelt und können entsprechend teuer sein. Beim Kauf sollte man hier auch noch darauf achten, dass die Anschlussstutzen mit marktüblichen Gewindeanschlüssen versehen sind. Einfache Steckverbindungen passen oft nicht an die Normverbindungen von Pumpen oder Schläuchen. Außerdem haben Buntmetalle die Eigenschaft bei Feuchtigkeit zu oxydieren. Das macht solche Geräte zum einen unansehnlich, zum anderen gelangen die Oxyde in das Teichwasser. Das kann schädliche Auswirkungen auf die Teichbiologie haben. Die preiswerteste Variante sind Wasserdüsen oder Wasserspiele aus Kunststoff. ■

Spritzhöhe von Düsen

Düse	Leistung der Pumpe				
	8000 l/h	6000 l/h	5000 l/h	4000 l/h	3000 l/h
Kleine Kaskade	310 cm	300 cm	200 cm	150 cm	125 cm
Große Kaskade	380 cm	225 cm	180 cm	ungenügend	ungenügend
Schaumquell	100 cm	75 cm	50 cm	25 cm	ungenügend

Wasserspeier montieren

Ganz gleich, ob sie klassisch, romantisch, verspielt, lustig oder kunstvoll gestaltet sind – Wasserspeier gehören zu den traditionellen Dekorationselementen.

Je nach Größe und Wasserdurchlauf begünstigen sie vor allem bei kleineren Teichanlagen die Wasserumwälzung und den Sauerstoffeintrag. ■

▼ Der kleine Flötenspieler ist eine beliebtesten Wasserspeierfiguren. Am schönsten sind detailreiche Figuren aus edler Bronze.

50

Wo platziert man einen Wasserspeier?

■ In erster Linie ist darauf zu achten, dass sie gut sichtbar und nicht zwischen Pflanzen versteckt platziert werden. Kleinere Figuren kann man durchaus etwas erhöht, zum Beispiel auf einem

Stein oder Felsvorsprung, montieren. Der austretende Wasserstrahl verursacht beim Auftreffen auf die Wasserfläche ein plätscherndes Geräusch. Den entstehenden Lärmpegel sollte man beachten. ■

INSTALLATION VON WASSERSPEIERN

■ **Darauf müssen Sie achten, wenn Sie einen Wasserspeier installieren wollen:**
   ✓ Der Wasserstrahl sollte nicht unmittelbar auf im Wasser schwimmende Pflanzen gerichtet sein. Insbesondere Seerosen nehmen dies übel und ziehen sich zurück.
   ✓ Wie bei den Wasserspielen sind auch Windeinflüsse zu berücksichtigen. Selbst wenn nicht viel Wasser durch einen Wasserspeier hindurchläuft, kann ein Teich schon mal am nächsten Morgen leer sein, wenn der Wind das Nass in die falsche Richtung treibt. ■

Materialien für Wasserspeier

■ Wasserspeier werden aus allen möglichen Materialien gefertigt. Handhabung, Lebensdauer, Befestigungsmöglichkeit und Gewicht sind unterschiedlich, in ihrer Funktion sind sie jedoch alle gleich.

Naturstein

Große steinerne Wasserspeier weisen ein beträchtliches Gewicht auf, deshalb können sie ohne weitere Befestigung am Teichrand platziert werden. Am besten stellt man sie auf eine Betonplatte, die ebenerdig eingelassen wird, oder man fertigt ein passendes Fundament aus Magerbeton an. In der Regel sind diese Wasserspeier aus Granit, es gibt verschiedene Farben

und meist kommen die Elemente aus China. Obwohl Granit schwer zu bearbeiten und der weite Transport aus Asien kostspielig ist, sind die handgemachten Figuren noch bezahlbar. Insbesondere Tierfiguren, meist mit einem Bezug zum Wasser, sind beliebt. Doch auch die heimischen Steinmetze haben mit ihrem Ideenreichtum und der ihnen eigenen Qualität viel beizusteuern. Neben Granit verwenden sie vor allem Sandstein in verschiedenen Farben und Marmor.

Bronze

Schon vor Jahrhunderten hat man Wasserspiele und -speier aus Bronze hergestellt, man denke nur

an die vielen schönen Brunnenanlagen in Rom. Ihre Patina und der natürliche stumpfe Glanz des Metalls macht jede Bronzefigur zu einem Kunstwerk. Insbesondere klassische und recht bekannte Modelle werden gern aus Bronze gegossen – zum Beispiel das berühmte Brüsseler „Manneken Pis". Es gibt eine Menge Importware, aber auch deutsche Gießereien, die schöne Figuren liefern. Bei qualitativ hochwertigen Figuren wird die Oberfläche veredelt. Dadurch entsteht eine künstliche Patina, und die Figur sieht aus, als stünde sie bereits seit längerer Zeit im Freien. Mittels einer weiteren Schutzschicht wird der natürliche Alterungsprozess unterbrochen und die Figur bleibt, wie sie ist.

In der Hohlform befindet sich eine gut zugängliche kupferne Steigleitung, an die ein genormter Schlauch angeschlossen werden kann. Auch sollte eine unsichtbare Diebstahlsicherung vorhanden sein, die gleichzeitig den passgenauen Sitz garantiert. Qualitätsbewusste Hersteller bearbeiten die Innenseiten der Hohlform ebenfalls und hinterlassen keine nadelspitzen Gießrückstände, an denen man sich leicht verletzen kann.

▶ **Der Frosch wird über eine solarbetriebene Pumpe mit Wasser versorgt. Das Solarpanel muss beim Betrieb nicht in unmittelbarer Nähe stehen. Solarpumpen setzen sich immer mehr durch, denn sie funktionieren unabhängig vom Stromnetz.**

🔺 Auch das Pärchen unter dem Regenschirm ist aus Bronze gefertigt. Das Wasser läuft als kleines Wasserspiel direkt über den Schirm ab.

🔺 Der kleine Drache speit kein Feuer und Schwefel, aus seinem Rachen kommt nur Teichwasser. Eine sehr hübsche Figur, die im Trend liegt.

🔺 Delphine passen als Wasserspeier sehr gut. Besonders dekorativ wirken sie, wenn sie als Gruppe aufgebaut sind. Das Wasser tritt aus dem Maul aus.

Keramik

Keramikwasserspeier stehen in der Beliebtheitsskala ganz oben. Neben schlichten gegossenen Keramiken gibt es wunderbare schwere, aus Impruneta-Ton geformte Modelle, die winterfest sind. Nicht zu vergessen ist die Vielfalt der einfachen oder bunt glasierten Wasserspeier. Am preisgünstigsten sind jene aus gegossenem Ton; sie können allerdings schnell zerbrechen und sind nicht frostsicher. Da das Material kaum Druck aushält, sollte die Figur

nicht festgeschraubt, sondern allenfalls mit etwas Silikon fixiert werden.

Kunststoff

Diese Art wird aus unterschiedlichstem Material wie PE, PPL oder PVC gefertigt. Beim Kauf ist auf die Schlauchführung in der Figur zu achten und darauf, dass die eingefärbte Schicht sowie das Material selbst UV-beständig sind und nicht schon nach einem Jahr die Farbe verlieren beziehungsweise brüchig werden. Wegen ihres

relativ geringen Gewichts sollte die Figur eine gute Standfestigkeit haben, aber trotzdem zusätzlich gesichert werden.

Einen besonderen Namen hat sich ein Recyclingmaterial gemacht, das unter dem Produktnamen „Polynature" gehandelt wird. Daraus werden unter anderem größere Wasserspeier gefertigt, deren Oberfläche einer Bronzefigur ähnelt. Sie sind wesentlich leichter und natürlich viel preiswerter als Bronze. ■

DARAUF IST BEIM KAUF ZU ACHTEN

■ ✓ Gute Keramikwasserspeier haben in der Hohlform ein Schlauchsystem. Am Auslauf verhindert eine kleine Metalldüse, dass der Schlauch in die Figur rutschen kann, und sie gewährleistet den gleichmäßigen Wasserstrahl. Am anderen Ende befindet sich ein Schlauchanschluss.

✓ Von glasierten Wasserspeiern wird behauptet, dass sie frostsicher sind. Leider stimmt das nicht immer. Zum einen kommt es auf die Glasur an, zum anderen ob das Modell auch auf der Unterseite versiegelt wurde. Meist ist dies nicht der Fall, das heißt, die Figur zieht im Herbst Wasser und platzt beim ersten Frost.

✓ Größere Figuren sollten versteckte Bohrungen für eine sichere Befestigung aufweisen. ■

52

Befestigungsmöglichkeiten

■ Wasserspeier müssen gut befestigt werden, wenn sie reibungslos funktionieren sollen. Damit sind sie auch vor Diebstahl relativ sicher. Falls am Speier selbst keine Befestigungsmöglichkeit vorhanden ist, muss man sie sich schaffen.

Für Naturstein, Fels und andere harte Untergründe sind Messingdübel geeignet, man erhält sie mit den passenden Schrauben in allen Größen. Zudem gibt es eine Dübelart, in die ein Kleber eingelagert ist, der beim Eindrehen der Schraube eine nicht mehr lösbare Verbindung herstellt. Schrauben

und Muttern sollten aus Buntmetall beziehungsweise V2A (Edelstahl) sein, andere Schrauben beginnen nach kürzester Zeit zu rosten.

Das Bohren der Löcher kann je nach Material zur Herausforderung werden. Sie brauchen gute Steinbohrer mit passendem Durchmesser und eine Schlagbohrmaschine. Auch wenn die Löcher in der Regel nicht tief sind, ist zu empfehlen, während des Bohrvorgangs immer wieder ein wenig Wasser zuzugeben, um den Bohrer abzukühlen. Leider ist es bei einer Befestigung auf Naturstein in den

meisten Fällen so, dass der Boden der Figur nicht auf die gewünschte Standfläche passt, weil diese gewölbt oder uneben ist. Ohne Oberflächenbearbeitung ist eine passgenaue Befestigung dann recht schwer. Je nach Gesteinsart kann so eine Oberflächenbearbeitung eine echte Herausforderung werden. Sandstein kann mit Hammer und Meißel recht einfach geglättet werden, bei Granit oder hartem Gneis gestaltet sich das schon etwas schwieriger.

Beim Bearbeiten von Naturstein gibt es weitere Punkte, die man beachten sollte. Vor dem Bohren sollte man sich den Stein genau ansehen, ob nicht eben an der Stelle, wo man ihn bearbeiten will, kleine Gesteinsadern verlaufen. Diese brechen je nach Material gerne aus und machen die geplante Befestigung zunichte. Bohrungen mit einer Schlagbohrmaschine zu dicht am Materialrand ausgeführt, brechen ebenfalls gerne aus und können dann nicht verwendet werden. Handelt es sich bei der Standflächen um eine größere Platte, sollte man den Schlagbohrer bei Natursteinplatten besser ausschalten. Die Platte könnte, abhängig von der Materialstärke, schnell springen und damit unbrauchbar werden. Man kann in Platten zur Befestigung zwar auch Dübel einsetzen, Durchbohren und mit Unterlegscheiben befestigen ist aber sicherer. ■

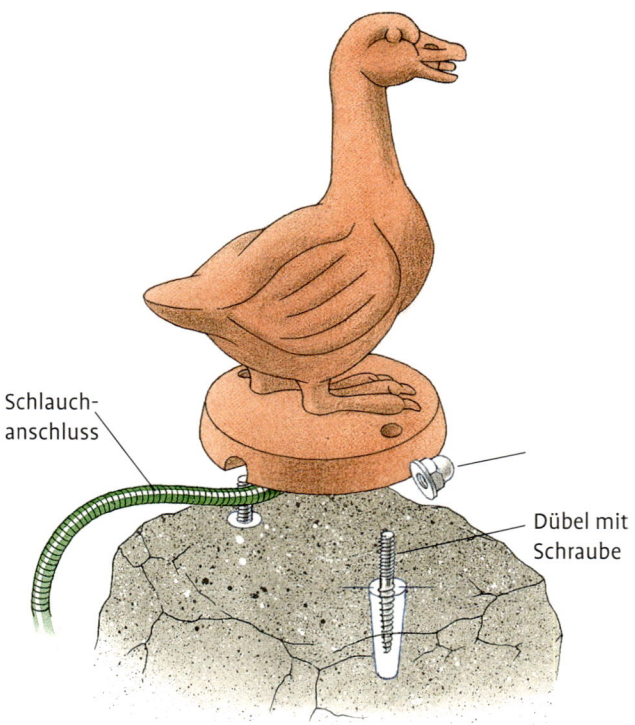

Schlauch-
anschluss

Dübel mit
Schraube

◀ An der nebenstehenden Zeichnung lässt sich gut erkennen, wie ein Wasserspeier befestigt wird. Ohne diese Befestigung wäre der Standort zu unsicher.

Schläuche, Anschlüsse, Zubehör

■ Für die Zuleitung zu einem Wasserspeier einen hochtransparenten Schlauch zu verwenden, scheint zunächst eine gute Idee zu sein, weil er im Wasser unsichtbar ist. Doch innerhalb kürzester Zeit setzt sich die Innenwandung des Schlauches mit einem dunklen Algenfilm zu. Zwei Arten von Schläuchen haben sich bewährt:
■ ein milchiger PVC-Schlauch mit Gewebeeinlage und einer relativ starken Schlauchwandung;
■ ein PVC-Schlauch mit eingeschweißter Hart-PVC-Spirale.

Beide Schläuche sind ab einem Durchmesser von einem halben Zoll erhältlich und zeichnen sich durch hohe Flexibilität und Druckunempfindlichkeit aus. Sie lassen sich in Kurven verlegen und können unter Steinmaterial versteckt oder eingegraben werden.

Zum Zubehör einer Teichpumpe gehören mehrere Anschlussteile. Besonders praktisch sind Steigrohre, die unten einen regulierbaren Anschluss haben. Ist dies nicht der Fall, sollte zwischen Pumpe und Wasserspeier ein Absperrhahn in den Schlauch eingebaut werden. Möchte man zwei Wasserspeier gleichzeitig betreiben, benötigt man ein T-Stück für Schlauchverbindungen. Ferner erhält man einzeln regulierbare Verteiler für eine Dreierkombination, was den Vorteil hat, dass ein größerer Speier mit mehr und ein kleinerer mit weniger Wasser versorgt werden kann und ein gleichmäßiges „Spritzbild" entsteht. ■

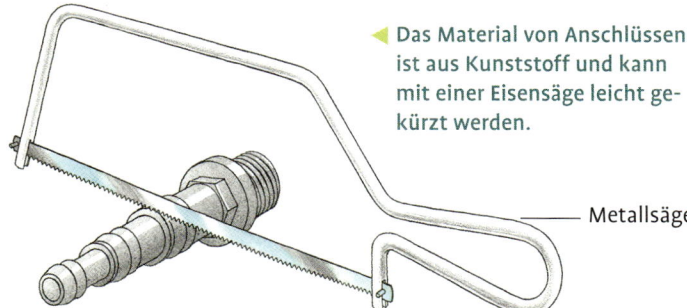

◄ Das Material von Anschlüssen ist aus Kunststoff und kann mit einer Eisensäge leicht gekürzt werden.

Metallsäge

► Ein Absperrhahn zwischen zwei Schlauchstücken ist ein sehr wertvoller Helfer bei der Druckregulierung.

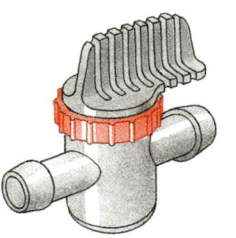

Schlauchanschluss

► Mit Hilfe von einem T-Stück können auf sehr einfache Weise weitere Wasserfiguren miteinander verbunden werden.

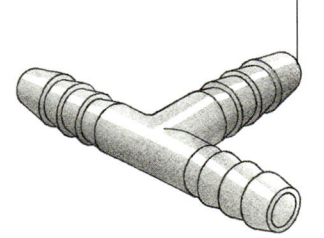

Gewindeanschluss

► Ein besonderes Zubehörteil ist der Druckstutzen mit einem Teichfiguren-Anschluss. Er kann zusätzlich zum Drosseln des Druckstutzens verwendet werden.

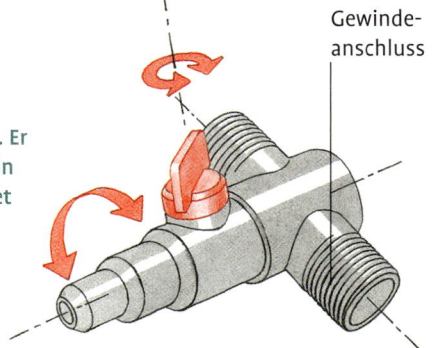

Pumpenberechnung und Wasserbedarf

■ Die Förderleistung der Pumpe für den Betrieb eines Wasserspeiers muss angepasst sein. Ist sie zu schwach, gibt es nur ein dünnes Rinnsal, ist sie zu stark, spritzt das Wasser zu weit. Die Pumpenleistung lässt sich jederzeit reduzieren, indem man mit einer Schlauchklammer den Schlauch zusammendrückt, bis der gewünschte Sprühstrahl erreicht ist. Die Lebensdauer der im Wasser liegenden Pumpe wird dadurch nicht beeinflusst.

Um Verstopfungen zu vermeiden, setzt man am besten Teichpumpen mit einem Vorfilter ein. Diese kleinen Schwämme setzen sich rasch mit Algen und Schmutz zu und müssen, sobald der Wasserstrahl kürzer wird, unter fließendem Wasser gereinigt werden.

Obwohl es an großen Pumpen Abzweigmöglichkeiten gibt, ist es sinnvoll, Wasserspeier mit einer eigenen Pumpe zu betreiben. Die Leistungsanforderungen sind nicht sonderlich hoch und richten sich nach der Größe des Speiers (siehe Tabelle). Namhafte Hersteller versehen ihre Wasserspeier mit einem Leistungswert, der besagt, mit welcher Durchflussmenge ein optimales Spritzbild erreicht wird. Veränderungen des Schlauchdurchmessers führen zu erheblichen Abweichungen. ■

Optimaler Wasserdurchlauf bei Wasserspeiern

Höhe des Wasserspeiers	Wasserdurchlauf
30 cm	600 l/h
50 cm	1000 l/h
100 cm	1500 l/h
150 cm	2000 l/h

Optimale Pflege und Wartung

■ Der Pflegeaufwand bei Wasserspeiern ist gering. Trotzdem sollten Sie regelmäßig auf einen festen Sitz achten, vor allem, wenn der Speier nicht weiter fixiert wurde. Die Schlauchverbindungen mit ihren Schellen müssen dicht sein und dürfen nicht tropfen. Das Gleiche gilt für den Wasseraustritt, notfalls muss die kleine Sprühdüse mit Silikon fixiert werden. Wenn ein Wasserspeier für einige Wochen nicht in Betrieb ist, ist oft ein Phänomen zu beobachten: Es gibt eine Wildbienenart, die das Röhrchen mit Lehm verstopft und dort ihre Eier ablegt. Der Speier lässt sich erst wieder in Gang setzen, wenn die Ursache gefunden ist; mit einem Draht kann man den Lehm aus dem Röhrchen entfernen.

Wasserspeier überwintern

Speier aus gegossenem Ton und anderen nicht frostsicherem Materialien sollten vor dem ersten Kälteeinbruch abgeschraubt und in einem trockenen Kellerraum aufbewahrt werden. Dies ist auch ein guter Zeitpunkt, um das Schlauchsystem zu kontrollieren und zusammen mit der Pumpe zu reinigen und ebenfalls einzulagern. Pumpen sollten im Winter in einen mit Wasser gefüllten Eimer gelegt werden. Auf der Oberfläche der Keramik bilden Spritzwasserflecken einen kalkigen Belag. Bei glasierter Ware kann dieser mit einem Schwamm entfernt werden. Bei der rauen Oberfläche von Terrakotta ist das nicht so einfach, es gibt allerdings Chemikalien, mit denen man die Oberfläche versiegeln kann. Bei Wasserspeiern, die ganzjährig im Freien bleiben – beispielsweise weil sie zu groß und zu schwer sind, um bewegt zu werden – muss die Schlauchverbindung im Hohlkörper der Figur abgezogen werden, damit das Restwasser ablaufen kann.Unterbleibt dies kann im ungünstigsten Fall noch Wasser im Steigrohr der Figur verbleiben. Bei starkem Frost kann das Röhrchen durch Eis dann platzen und die Figur wertlos machen. ■

Teichrandfiguren und
andere Dekorationsstücke

Gartenmessen, Sonderausstellungen und Betriebe, die sich auf das Thema Wasser spezialisiert haben, sowie das nächstgelegene Gartencenter sind Fundgruben für Dekorationsstücke am Teich. Das

Angebot ist kaum überschaubar, und alle nur erdenklichen Materialien sind vertreten. Wählen Sie Ihre Lieblingsfigur, um Ihren Teich zu verschönern und bedenken Sie schon im Voraus den Standort. ■

▼ Der wunderschöne Wasserfall wird von zwei Bronzefiguren eingerahmt. Der Junge hält zwei wasserspeiende Fische in der Hand. Die Venus schüttet das Wasser aus einem Krug.

▲ Die Betrachterseite einer Wasseranlage
ist besonders wichtig. In diesem Bereich
werden auch Teichrandfiguren oder andere Skulpturen aufgestellt.

Der passende Standort

■ Einen guten Platz für eine schöne Figur zu finden, ist nicht weiter schwierig. Notfalls muss eine Pflanze weichen oder auch nur beschnitten werden. Nicht immer ist ein Standort unmittelbar am Wasser der richtige. Es gibt Objekte, die – gerade weil sie nicht direkt dort stehen – einen charmanten Bezug zum Teich herstellen. Bei größeren Figuren ist unbedingt auf den Blickwinkel des Betrachters zu achten. Steht die Figur zu weit vorn, verdeckt sie vielleicht die Sicht auf niedrige Pflanzen, wie zum Beispiel die Seerosen. Im hinteren Bereich eines Teiches aufgestellte Objekte und große Figuren haben einen besonderen Reiz, wenn sie sich im Wasser spiegeln.

Bei großen, schweren Objekten, die nach der Platzierung nur schwer ein zweites Mal zu bewegen sind, ist im Voraus der Untergrund zu untersuchen. Wenn sich hier Rohrleitungen, Kabelstränge, Schächte usw. befinden, ist es besser, einen anderen Standort zu wählen. Derartige Versorgungseinrichtungen müssen zugänglich bleiben.

Je nach Material und Gestalt kann eine Figur auch direkt ins Wasser gestellt werden. Dafür muss der Teichboden eben sein. Ein Standort inmitten von Gräsern, Farnen, Stauden und anderen Gehölzen ist ebenfalls attraktiv. Hier ist darauf zu achten, dass die Pflanzen weitgehend immergrün oder im Winter zumindest noch ansehnlich sind. Weitere interessante Plätze für kleine Figuren aus Bronze – Frösche, Echsen, Vögel – können die Steine in einem Bachlauf oder Wasserfall sein, auf denen die Figuren fest montiert werden. Hier gilt das gleiche wie für Wasserspeier. ■

▲ Eine von Künstlerhand gefertigte Skulptur hat ihren ganz besonderen Reiz. Oftmals spiegeln sich die Objekte im Teichwasser.

▼ Eisvögel stehen in enger Verbindung zum Wasser. Hier zwei Exemplare aus Bronze.

Vielfalt an Materialien

■ Größere Objekte aus Naturstein wie Granit oder Sandstein, Figuren aus Beton, Marmorsplittbeton und Kunststein sind genauso zu haben wie Gegenstände aus Holz, Buntmetall oder Bronze bis hin zu rostig belassenen Artikeln. Auch gibt es Stücke aus Kunststoff und Recyclingmaterial. Nach alter bayerischer Tradition gefertigte, mehrfarbige Glaskugeln in leuchtenden Farben erleben derzeit eine Renaissance und haben in Wassernähe eine unglaubliche Wirkung. Auch Objekte aus Edelstahl, die schon beim kleinsten Windhauch in Bewegung geraten, rufen interessante Spiegelungen hervor. Sie benötigen nur wenig Platz, weil sie auf einem dünnen Rohr montiert sind oder in Wassernähe an Gehölzen aufgehängt werden. Ein Standortwechsel ist einfach und führt wieder zu neuen Eindrücken.

▲ Windspiele aus Metall drehen sich bei der leisesten Windbewegung und schimmern dann in allen Farben.

▲ Glaskugeln in Wassernähe oder auch nur im Garten aufgestellt sind sehr dekorativ und liegen voll im Trend.

Skulpturen, Plastiken, Figuren

■ So unterschiedlich die Materialien, so zahlreich sind auch die Formen der Teichrandfiguren. Tierfiguren mit einem direkten Bezug zum Wasser, allen voran Frösche, Fische und Schildkröten sowie Nilpferde und Elefanten sind beliebt. Auch sie sind, wie die Wasserspeier, meist aus Granit gefertigte Importware aus China. Die in Handarbeit gefertigten Objekte sind gelegentlich an markanten Stellen – Schildkrötenpanzer, Vogelkrallen oder Fischschuppen – geschliffen und poliert, was das Objekt noch edler aussehen lässt.

Steinkugeln in diversen Größen oder andere schlichte Formen sind ebenfalls sehr schöne Objekte. Auch figürliche Darstellungen sind weit verbreitet: Putten, Fruchtkörbe, Zapfen. Neu sind aus Kunststein gegossene Objekte, deren Gestalt aus der Märchen-, Sagen- oder Fabelwelt stammt; sie werden gerne als Wächter aufgestellt.

Ein ganz eigenes Ambiente kann man durch eine Gruppe liegender und stehender Amphoren von unterschiedlicher Höhe erzeugen – vor allem in Verbindung mit einer

Bepflanzung aus Gräsern, Bambus, Stauden. Die Gefäße dürfen bei Regen nicht voll laufen, und im Winter müssen sie vor Frost geschützt beziehungsweise frostsicher gelagert werden.

Sichere Befestigung

Ob ein Dekorationsartikel am Teichrand oder in seiner Nähe befestigt werden muss, hängt von der Art des Untergrunds, von der Stellfläche und von Größe und Gewicht des Gegenstands ab. Wenn man damit rechnen muss, dass etwas umkippen kann, ist eine Befestigung unvermeidlich, denn das Objekt kann dabei nicht nur kaputt gehen, sondern auch gefährlich werden.

◀ **Die kleine Elfe besteht aus teilweise patinierter Bronze und hat einen Schmetterling auf dem Arm.**

Wertvolle Figuren aus Bronze sollten, sofern das gewichtsmäßig möglich ist, im Winter an einen trockenen Ort eingelagert werden. Permanente Feuchtigkeit verändert die Oberfläche solcher Objekte und verfärbt sie durch die Patinaschicht, die sich allmählich bildet und nur schwer wieder zu entfernen ist. Zwar bietet der Fachhandel hierfür Reinigungsmittel an, aber wer geht schon gerne mit chemischen Präparaten an sein Kunstwerk. Eine sinnvolle Vorbeugung kann darin bestehen, das Objekte mit einem ganz leicht mit Leinöl getränkten weichen Wolllappen regelmäßig abzureiben. Man kann auch die Oberfläche von Bronzefiguren mit einem dauerhaften, glasklaren Lack überziehen. Bevor man diesen Schritt unternimmt, sollte man aber beim Fachhändler nachfragen, ob das gekaufte Objekt dafür auch geeignet ist. ■

Objekte aus Stein baut man am besten auf einem Kies- oder Magerbetonfundament auf. In Hanglagen und auf weichen Böden ist ein solches Fundament ein Muss.

Alle Gegenstände, deren Material so porös ist, dass es Feuchtigkeit aufnehmen kann (Terrakotta, Kunststein, Holz usw.), sollten zusätzlich auf einer Betonplatte über dem Fundament platziert werden. Anderenfalls kann es auch bei als winterfest deklarierter Ware im Frühjahr eine böse Überraschung geben. Besonders Objekte aus Ton saugen sich im Herbst häufig mit Wasser voll; bei Frost können Teile der Wandung abplatzen oder sogar das ganze Objekt bersten.

PRAXISTIPP

■ Gegenstände, die innen hohl und somit relativ leicht sind, können mit einem simplen Trick vor dem Umfallen bewahrt werden: Am Standplatz wird eine Eisenstange in einem kleinen Punktfundament senkrecht im Boden verankert, die hohle Figur wird einfach darüber gestülpt (siehe Zeichnung Seite 52). Diese Methode hat sich besonders bei hohen Terrakottafiguren bewährt. ■

Wasserpflanzen für den Gartenteich

Der Name Wasserpflanze als Sammelbegriff ist pflanzen-physiologisch nicht ganz richtig, denn er schließt Gruppen von Pflanzen zusammen, die sich sehr unterschiedlich, teils individuell verhalten und auf ganz bestimmte Standorte angewiesen sind. Das wohl markanteste Merkmal sind die sehr unterschiedlichen Wassertiefen oder auch der Feuchtigkeitsbedarf einzelner Pflanzen.

Dem Besitzer einer Teichanlage stehen jahreszeitlich abgestuft wenigstens 100 verschiedene Wasserpflanzen zur Verfügung. Nicht eingeschlossen sind hierbei die vielen hundert Sorten von Seerosen, die Königin der Wasserpflanzen. Auch bei ihnen unterscheidet man sehr unterschiedliche Wuchseigenschaften, die auf ganz bestimmte Wassertiefen abgestimmt sind. Aus botanischer Sicht unterscheidet man zwischen Helophyten – Pflanzen, die sich mehr oder weniger nur am Teichrand befinden – und Hydrophyten. Letztere unterteilen sich in Schwimmblatt-, Unterwasser- und Schwimmpflanzen. ■

Gartenteichs sollte, unabhängig von seiner Größe, eine gute Planung vorausgehen. Hierzu gehören vor allem Informationen über das Wuchsverhalten einzelner Pflanzen. Unter der Vielzahl der Wasserpflanzen gibt es eine ganze Reihe, deren Größe und Ausbreitungsdrang für kleine Teichanlagen absolut ungeeignet sind. Selbst gut gemeinte Ratschläge, solche Pflanzen in Pflanzkörben zu halten, scheitern, weil sie mit ihrem kräftigen Wuchs innerhalb kürzester Zeit ausufern und andere Teichpflanzen vollkommen verdrängen. Leider befinden sich solch übermächtig wachsende Pflanzen immer wieder in den Verkaufsanlagen für Wasserpflanzen. Sie gehören einfach dazu, aber man muss bedenken, dass der durchschnittliche Gartenteich gerade mal um die 5000 Liter Wasser hat und dafür sind Schilf, Rohrkolben und Co. einfach zu starkwüchsig. Informationen zu Wasserpflanzen stehen ausreichend zur Verfügung, Veröffentlichungen speziell zu diesem Thema finden Sie im Literaturverzeichnis auf Seite 150.

Die Pflanzzonen im Einzelnen

Das feuchte Ufer ist ein besonders interessanter Pflanzbereich, denn hierfür stehen aus dem Stauden- aber auch Kleingehölzbereich eine Menge Pflanzen zur Verfügung, mit denen eine Randbepflanzung sehr abwechslungsreich gestaltet werden kann. Diese Pflanzen wachsen in der freien Natur so, dass sie mit unterschiedlichen Bodenverhältnissen zurrecht kommen, die jahreszeitlich bedingt

Einteilung der Wasserpflanzen

■ Bei einer Einteilung der Wasserpflanzen nach Pflanztiefen kommt man auf sechs unterschiedliche Zonen. In der Tabelle auf Seite 61 sind diese Bereiche näher beschrieben und mit den jeweiligen Wassertiefen gekennzeichnet.

Bei der großen Anzahl an Pflanzen sollte man meinen, dass alle problemlos zusammen in einem Gartenteich wachsen können. Zunächst einmal wäre das auch für einen sehr großen Gartenteich bedeutend zu viel, zum anderen hängt eine erfolgreiche Wasserpflanzenkultur von mehren,

unterschiedlichen Faktoren ab. An erster Stelle steht hier die Qualität und der Nährstoffgehalt des Wassers. Auch klimatische Bedingungen spielen eine nicht unerhebliche Rolle.

Kauf und Pflanzung

Beim Kauf von Wasserpflanzen sollte man die Frost- und Winterhärte der Wasserpflanzen genau hinterfragen. Ganz besonders wichtig ist, wie bereits erwähnt, der richtige Standort bzw. die passende Wassertiefe, die beim Pflanzen genau beachtet werden muss. Der Bepflanzung eines zwischen nass und trocken immer wieder schwanken.

Die Sumpfzone ist der Pflanzbereich, der an einem Gartenteich die größte Bedeutung haben sollte. Für diese Pflanzzone stehen die meisten Pflanzen zur Verfügung. Dieser ökologisch wichtige Bereich wird leider bei vielen Teich etwas vernachlässigt. Wie das nachträglich noch verändert werden kann, finden Sie ab Seite 136. Die Wassertiefe der Sumpfzone liegt zwischen 0–1 cm, dieser Bereich trocknet im Gegensatz zum feuchten Ufer nie aus.

Die Seichtwasserzone ist ein Bereich, der etwas tiefer als die Sumpfzone liegt und mit einer Wassertiefe von 2–5 cm eine Übergangszone für Sumpfpflanzen zwischen Sumpf- und Flachwasserzone bildet.

In der Flachwasserzone kommen bereits bedeutend weniger Pflanzen vor, als in den vorausgegangenen Pflanzbereichen. Hier finden sich dafür besonders schöne

Pflanzzonen in der Übersicht

Pflanzzone	Wassertiefe	Bemerkung
Feuchtes Ufer	0 cm	ständiger Wechsel zwischen trockenem und feuchtem Boden, nur für resistente Pflanzen geeignet
Sumpfzone	0 cm	ständig sumpfiger, nasser Boden
Seichtwasserzone	2–5 cm	nahtloser Übergang von der Sumpfzone zu einem geringen Wasserstand
Flachwasserzone	5–30 cm	für diesen Bereich gibt es sehr schöne Blütenpflanzen
Seerosenzone	30–80 cm	besonders für unterschiedliche Seerosen geeignet
Tiefwasserzone	80–100 cm	Zone für Schwimm- und Unterwasserpflanzen

Pflanzen wie das Hechtkraut *Pontederia cordata* oder die sehr hoch werdenden Blumenbinse *Butomus umbellatus*.

Die Seerosenzone besteht aus sehr verschiedenen Wassertiefen, weil das Wuchsverhalten bei der Königin der Wasserpflanzen

recht unterschiedlich ist. Zwerg-Seerosen wachsen und überwintern bereits in einer Wassertiefe von 30 cm, wohingegen mittel und starkwüchsige Sorten auf eine Wassertiefe von gut 80 cm angewiesen sind.

Die letzte und wichtigste Wasserzone ist der Tiefwasserbereich, in dem starkwüchsige Seerosen sowie die Schwimm- und Unterwasserpflanzen vorkommen. Der tiefe Wasserbereich ist für die natürliche Wasserbiologie von größter Bedeutung, weil hier die größten Sauerstoffreserven lagern, ohne die ein Teich nicht bestehen kann. ■

◀ Die Seerose 'Meteor' hat eine auffallend dunkelgrüne Blattfarbe und kirschrote Blüten mit einem Durchmesser von bis zu 16 cm.

Japanische Steinlaternen

■ Der japanische Garten, Ausdruck japanischer Philosophie und Tradition, hat in der Gartenkunst der Welt einen besonderen Stellenwert und wird gerne kopiert. Er gibt die Harmonie zwischen der Natur und künstlichen Elementen wieder, seine Anmutung ist feinsinnig und ästhetisch. Das Zusammenwirken von Pflanzen, bewegtem Wasser, Steinen, Wegen, Skulpturen und Brücken zieht uns Europäer in seinen Bann. Ein bekanntes Element ist die japanische Steinlaterne.

Eigentlich stammen diese Laternen ursprünglich aus China. Sie wurden einst aus Bronze gegossen und schmückten buddhistische Tempelanlagen. Das stark von China beeinflusste Japan begann, diese Objekte aus Granit zu fertigen. Im 5. Jahrhundert verbreiteten sich die Laternen mehr und mehr, als in eigens errichteten Teehäusern inmitten kleiner Gartenanlagen, die bis ins Detail genau geplant und mit ausgewählten Pflanzen, symbolhaften Steinen und einer festgelegten Wegeführung angelegt worden waren, Teezeremonien stattfanden. Hier traf man sich nach festgelegten Regeln und zelebrierte das Teetrinken. Ruhe, Würde und Schlichtheit bestimmten diese Zeremonie. An markanten Punkten hatte man Steinlaternen aufgestellt, um dem Besucher den Weg zum Teehaus zu weisen. Die Fertigung der Steinlaternen erfolgt heute wieder in China und zählt dort zu einem geachteten Handwerk. Auf

die traditionelle Machart legt man großen Wert. Jede Laterne besteht aus mehreren Teilen, meistens sind es fünf. Von oben betrachtet sind dies die Kappe, darunter liegt das Dach. Unmittelbar darunter befindet sich der so genannte Lichtkasten, der wiederum auf dem Schaft aufsitzt. Zum Schluss kommt der Sockel.

Japanische Steinlaternen werden unterschiedlich gefertigt und sind jeweils in verschiedenen Größen erhältlich sind. Jeder Laternentyp hat eine eigene Bezeichnung.

Steinlaternen aufstellen

Wie erwähnt, bestehen Steinlaternen in der Regel aus fünf Einzelteilen. Beim Kauf ist darauf zu achten, dass diese beim

▲ Japanische Steinlaternen aus Granit gibt es in vielen Ausführungen. Sie erzielen eine besondere Wirkung am Teich.

DIE WICHTIGSTEN ARTEN JAPANISCHER STEINLATERNEN

■ **Yukimi-Gata (Schneebetrachtungslaterne)**
Das breite, ausladende Dach gab dieser Laterne ihren Namen, denn im Winter trägt es eine Schneehaube. Gerne wird diese Laterne in Wassernähe aufgestellt und erfreut sich großer Beliebtheit bei Besitzern von Koikarpfen-Teichen.

Tachi-Gata (Sockellaterne)
Dieser hohe, schlanke Typ hat einen religiösen Bezug, denn es handelt sich um die erste Laterne, die die Eingänge der Tempelanlagen erhellte. Auffällig ist ihre aufwändige Gestaltung. Die schönste Wirkung erzielt sie freistehend etwas vom Teich entfernt als solitäres Element im Garten.

Ikekomi-Gata (Eingegrabene Laterne)
Unter allen Laternen ist sie wohl die eleganteste, denn sie hat keinen Sockel und wird direkt im Boden eingelassen. Am besten wirkt sie, wenn sie von Pflanzen umgeben ist, und in unmittelbarer Teichnähe.

Oki-Gata (Kleine Laterne)
Wie der Name bereits verrät, handelt es sich hier um ein kleineres, zierliches Modell. Besonders dekorativ wirkt dies Laterne in Teichnähe, an Wegrändern oder an sich kreuzenden Gartenpfaden. ■

Zusammenbau genau aufeinanderpassen – meist funktioniert dies nach dem Nut- und Federsystem. Lediglich die Kappe sitzt auf einer leicht angeschliffenen Platte.

Sobald der Standort festgelegt ist, sollte unabhängig von Größe und Gewicht ein kleines Fundament gebaut werden, dessen Stärke sich nach der Größe der Laterne richtet. Auf diesem festen und ebenen Untergrund steht die Laterne dauerhaft sicher. Wacklig stehende Steinobjekte können gefährlich werden, wenn Kinder, Fremde oder Hunde sich im Garten aufhalten. Weil der Mensch zudem die Neigung hat, Dinge nicht nur zu betrachten, sondern auch zu

berühren, ist eine sorgfältige Fixierung nötig. Denn abgesehen von der potenziellen Gefahr ist es langwierig und teuer wenn nicht gar unmöglich, ein zerbrochenes Teil wiederzubeschaffen. Es ist kein

Stilbruch, wenn die einzelnen Elemente einer Steinlaterne in den Fugen unsichtbar mit Silikon oder einem farblosen Steinkleber verbunden werden. So kann ganz sicher nichts passieren. ■

63

Gewichte japanischer Steinlaternen Yukimi-Gata, Modell Kodai Maru Yukimi

Höhe der Laterne	Elemente	Gewicht (ca.)
45 cm	5	50 kg
60 cm	5	90 kg
65 cm	5	170 kg
90 cm	5	320 kg
105 cm	5	500 kg
120 cm	5	750 kg

Pagoden und Steintürme

■ Relativ schlank und hoch, verfügen sie immer über eine ungerade Anzahl an Etagen und sind den großen hölzernen Pagodentürmen nachempfunden, die man in japanischen Tempelanlagen findet. Auf einer kleinen Anhöhe oder auch

innerhalb einer Baumgruppe sind diese Steinskulpturen die Hauptattraktion eines jeden Gartens. Für eine Aufstellung direkt am Teich sind sie etwas zu hoch und wirken dort trotz ihres schlanken Aufbaus wuchtig. ■

▼ Das Chozubachi hat eine lange Tradition in der japanischen Gartenkunst. Importiert aus Südostasien hält es auch Einzug in unsere Gärten.

Wasserbecken (Chozubachi)

■ Ein weiteres Element ist eng verknüpft mit der japanischen Gartenkunst: das traditionelle Wasserbecken. Es kommt nur in Japan vor und gilt als Symbol für die Reinlichkeit dieses Volkes.

Ursprünglich diente es rituellen Waschungen vor dem Betreten einer Tempelanlage. Ende des 16. Jahrhunderts erhielt das Chozubachi ähnlich wie die Steinlaternen einen anderen, nicht rein

64

religiösen Verwendungszweck. Man stellt es in Teichnähe flach am Boden auf und kann es auch betreiben, indem man über ein Bambusrohr Teichwasser in den kleinen rechteckigen Behälter rinnen lässt. In den Rand der runden oder auch quadratischen Becken sind häufig chinesische Schriftzeichen gemeißelt. Das

Chozubachi kann, wie die Steinlaternen, ungeheuer dekorativ in einem Garten und vor allem in Teichnähe wirken. Die eigentliche Wirkung und Symbolkraft geht aber weitgehend durch einen nicht korrekt gewählten Standort verloren. Das lehrt uns, dass die fernöstliche Gartenkunst nicht unmittelbar übertragbar ist. ◼

▲ Eine geschmackvolle Wasserstelle aus Sandstein.

Brunnen, Sprudelsteine & Co.

◼ Ein Brunnen am Teich oder im Garten ist eine zusätzliche attraktive Wasserstelle. Für seine Errichtung sind jedoch gewisse Bedingungen zu erfüllen. Zuerst muss das geeignete Modell gefunden

▼ **Der kleine Wassertrog, der aus zwei Teilen besteht, hat einen hübschen Überlauf aus Kupferrohr. Gefertigt ist er aus farbigem Beton.**

werden und der richtige Platz. Ein Brunnen darf beispielsweise nicht im Weg stehen. Man unterscheidet zwei Typen:
◼ die freistehende Brunnenanlage ohne Frischwasserzufuhr, die meist klassische Formen aufweist,
◼ Brunnen, deren Technik im Boden versteckt ist und bei denen nur der wasserabgebende Teil sichtbar ist.

Ein Brunnen ist unabhängig vom Teich, er hat ein Auffangbecken und eine eigene Pumpe. Formal sollten Teich und Brunnen wie eine Einheit wirken, technisch möglich ist das ohne Weiteres. Gartencenter und Baustoffhändler sind gute Adressen, wenn man Findlinge oder andere Steinobjekte mit einer Bohrung sucht. Hier erhält man Einzelstücke von unterschiedlichster Form und Größe und nicht zuletzt auch eine Gewichtsangabe, die für den weiteren Aufbau gebraucht wird.

Bambusbrunnen Shishi Odoshi
Kleinere Wassergärten weisen oft Reminiszenzen an japanische Gärten auf. Immer öfter ist der so genannte Bambusbrunnen Shishi Odoshi zu entdecken. Die Wasserzufuhr kann entweder aus dem Teich oder aus einem unterbauten Auffangbecken erfolgen. Das geförderte Wasser wird mittels kleiner Pumpe und einem Schlauch über ein senkrechtes sowie ein scharniergelagertes, waagerechtes

Bambusrohr geleitet. Dieses ist halb geöffnet und wird mit Wasser gefüllt, bis ein Übergewicht entsteht. Mit einem klackenden Geräusch fällt das Rohr wieder in seine alte Lage zurück. Der Vorgang wiederholt sich, so lange Wasser nachläuft.

Diese Brunnenform steht in japanischen Gärten als Symbol für das Verstreichen der Zeit; ursprünglich wurde er wegen des Geräuschs als Vogelscheuche eingesetzt.

Schritt für Schritt
Einen Brunnen mit eigenem Wasserkreislauf installieren

1 Zunächst muss ein Kunststoff-bottich-Boden eben und in Waage eingebaut werden. Damit der Bottich richtig aufsitzt, stellen Sie ihn auf ein etwa 20 cm starkes Kiesfundament.

2 Rechts und links von diesem Bottich errichten Sie ein Betonlager, das aus zwei Betonplatten 100 × 30 × 5 m besteht und mit Magerbeton befestigt wird.

3 Über den Bottich legen Sie ein Metallgitter, dessen Kanten jeweils auf dem Betonlager aufliegen müssen.

4 Sobald das Betonlager abgebunden hat, schneiden Sie aus dem Gitter mit einer Flex an einer später gut zugänglichen Stelle ein Teil heraus, das so groß ist, dass man die Pumpe bequem ein- und ausbauen kann.

5 Nun kann die Pumpe eingesetzt und mit der Schlauchleitung verbunden werden.

Die Stärke der Pumpe ist abhängig von der Höhe des Steins. Für ein optimales Wasserbild (das heißt, der Stein wird nicht nur teilweise, sondern insgesamt nass) benötigt man 60 l Wasser pro cm Steinhöhe. Ist der Stein breiter als hoch, ist die Breitseite Berechnungsgrundlage. Besteht der Brunnen aus mehr als nur einem Stein, addiert man die Summe der verschiedenen Höhen. Hier ergibt sich aber ein Problem mit der Wasserverteilung, das sich nur lösen lässt, wenn ein Schlauch mit einem regulierbarem Druckverteiler eingebaut wird. Ohne diesen würde aus dem höchsten Stein wenig und

aus dem niedrigsten viel Wasser austreten.

Nachdem der Brunnen aufgesetzt wurde, decken Sie den Eisenrost mit runden und flachen Kieseln ab, bis er nicht mehr zu sehen ist. Das Kabel der Pumpe wird auf dem kürzesten Weg in einem Leerrohr zur Steckdose am Haus oder einer Fi-gesicherten Gartensteckdose gelegt. Das Leerrohr soll gerade so groß sein, dass der Schukostecker der Teichpumpe hindurchpasst.

▼ **Unterschiedlich große Steinstelen aus Granit passen fast in jeden Garten.**

SO REINIGEN SIE DIE FÖRDERPUMPE:

- ✓ Stecker der Pumpe ziehen,
  ✓ Pumpe auseinander nehmen (immer ohne Werkzeug!),
  ✓ Vorfilterschwamm unter fließendem Wasser auswaschen und notfalls austauschen, wenn er porös oder brüchig ist,
  ✓ Magnetkern-Laufwerk kontrollieren, ob sich auf der Magnetoberfläche keine Ablagerungen befinden und der Magnet keine Haarrisse hat. Bei älteren Geräten ist die Achse oft in kleinen Gummilagern eingebaut, diese darf man beim Reinigen keinesfalls verlieren!
  ✓ Pumpe zusammenbauen und wieder in den Teich legen. ■

Die Bepflanzung rund um den neuen Brunnen ist der letzte Arbeitsschritt.

Ein ansprechendes Ergebnis lässt sich auch weniger aufwendig mit einer Fertiglösung aus dem Baumarkt erreichen. Diese Brunnenanlagen sind zwar kleiner und quasi „von der Stange", aber deutlich preiswerter. Der Aufbau ist unkompliziert, weil man kein Betonlager für das Gitter bauen muss.

Brunnenanlagen pflegen
Der Wartungsaufwand bei Brunnen, Sprudelsteinen & Co. ist überschaubar, vorausgesetzt, man hat schon beim Aufbau daran gedacht, die Pumpe sowie die Schlauch- und Kabelverbindungen gut zugänglich zu integrieren.

Sobald die Förderpumpe in ihrer Leistung nachlässt, ist sie verschmutzt und muss ausgebaut und gereinigt werden. Die Intervalle sind abhängig von der Größe des Auffangbeckens und der Wassertemperatur.

Mit der Zeit lagern sich auf den Steinobjekten Algen als dünner, schwarzgrüner Film ab und die Objekte werden unansehnlich.

Wenn Sie die Entstehung des Belags verhindern wollen, müssen Sie dem Wasser im Auffanggefäß konzentrierte Essigsäure beigeben. Zu diesem Mittel dürfen Sie allerdings nur dann greifen, wenn im Brunnen und in seiner unmittelbaren Umgebung keine Pflanzen wachsen, denn selbst in geringer Konzentrationen ist Essigsäure für diese unverträglich. Man kann dem Algenbelag auch gut mit einer Scheuerbürste zu Leibe rücken, was den Vorteil hat, dass Spuren auf dem Stein verbleiben und ihm somit eine Art Patina verleihen. Auch bietet die Industrie Reinigungsmittel in Form von Flüssigkeit, Schaum oder als Spray an, damit lässt sich Kunst- und Steinmaterial leicht säubern. Der Vorgang muss allerdings regelmäßig wiederholt werden. Es empfiehlt sich, das Mittel zunächst an einer nicht sichtbaren Stelle auszuprobieren und die Vollbehandlung

PRAXISTIPP
- Völlig ungeeignet für die Reinigung sind Spülmittel und Seifen. Gelangen nur Spuren davon in das Auffangbecken, verwandelt sich der Brunnen blitzschnell in ein überschäumendes Etwas. ■

frühestens nach 24 Stunden durchzuführen. Bei nur oberflächlich gefärbten Steinen oder anderen Steinzusammensetzungen kann es zu unerwünschten Verfärbungen oder Aufhellungen kommen. Diese Präparate dürfen ebenfalls nicht mit Pflanzen in Kontakt kommen.

Zum Pflegeaufwand gehört zuletzt noch die richtige Überwinterung. Im Herbst müssen die Pumpe ausgebaut und das Wasser abgelassen werden. Weil Wasser sich stark ausdehnt, sobald es zu Eis gefriert, ist es in der Lage, das Granitbecken eines Brunnens zu sprengen. Falls es nicht möglich ist, das Auffanggefäß im Winter auf den Kopf zu stellen, muss dafür gesorgt werden, dass das sich ansammelnde Regenwasser ablaufen kann.

Die kleine Förderpumpe für die Brunnenanlage sollte vor der Einlagerung ebenfalls gründlich gereinigt und über Winter in einen Eimer mit Wasser gelegt werden. Damit verhindern Sie, dass die beweglichen Teile austrocknen und sich festsetzen. Allerdings werden nur Pumpen mit einem Asynchronmotor so behandelt, Pumpen mit einem Magnetkreisel können trocken eingelagert werden.

Für beide Pumpenarten wäre es sehr gefährlich, sie im Winter einfach im Brunnen zu belassen. Das Restwasser in den Geräten würde gefrieren und die Pumpenkörper zerstören. Auch längere Zuleitungen sollten vor Wintereinbruch entleert werden, um Schäden durch Frost zu verhindern. ■

Steine im und am Gartenteich

Steine gibt es zuhauf, aber welcher ist nun der richtige? Pauschal lässt sich dies nicht beantworten. Das Angebot im Handel reicht von kleinsten, in Säcken abgepackten Kieseln bis zum tonnenschweren Findling. Neben heimischen Gesteinsarten werden Steine aus der ganzen Welt angeboten. Für unsere Gärten hierzulande gilt es, die hinsichtlich Optik, Eigenschaften und Größe passende Gesteinsart herauszufinden. ◼

▼ Die schroffe, unregelmäßig gehauene Kante der Wasserfallstufe sorgt für einen interessanten Wasserablauf.

68 Das richtige Material auswählen

■ Wenn Steine in das Wasserbild eingefügt werden, müssen sie so wirken, als hätten sie schon immer dort gelegen. Bevor Sie Steinmaterial in größeren Mengen kaufen, nehmen Sie eine kleinere Menge mit nach Hause und sehen Sie sich genau an, wie die Steine aussehen, wenn sie nass sind. Oft kommt durch Wasser erst die ganze Schönheit ans Licht. Gleichzeitig sollten Sie das Material der Gesteinsart für Ihren Teich auf die bereits vorkommenden Materialien am Teich, im Garten und der Baulichkeiten abstimmen. So bekommen Sie ein harmonisches Gesamtbild. ■

RICHTIG EINKAUFEN

■ **Das muss beim Kauf von Steinmaterial berücksichtigt werden:**

✓ Weiche Tuffgesteine dürfen nicht ins Teichwasser gelegt werden, weil sie sich mit der Zeit auflösen würden.

✓ Viele „exotische" Gesteinsarten saugen sich mit Wasser voll und platzen bei Frost. Dies muss selbst bei einigen heimischen Gesteinsarten wie weichem Kalkstein und porösem Sandstein bedacht werden.

✓ Steinmaterial muss farblich zum Gartenteich passen.

✓ Ähnliche Größen ergeben ein langweiliges Erscheinungsbild.

✓ Zu viele Steine machen aus dem Gartenteich ein Gewässer, das aussieht, als wenn es in einer Steinwüste läge.

✓ Nicht zu viele verschiedene Gesteinsarten auf einmal verarbeiten. Größere, am Bachlauf verwendete Steine sollten identisch sein mit jenen Arten am Teich oder in dessen unmittelbarem Umfeld.

✓ Runde, glatte Formen passen nicht zu eckigem, kantigem Bruchgestein. ■

Unterschiedliche Steinformen

■ So unterschiedlich sie in Struktur, Farbe und Härte sind, so ungleich sind Steine auch in ihrer den Prozess der Entstehung wiedergebenden Gestalt.

Findlinge setzen sich aus verschiedenen Gesteinsarten zusammen. Vor Millionen von Jahren wurden sie von Gletschern über riesige Entfernungen hinweg bewegt und durch die Urstromtäler gewälzt. Bei diesem langwierigen Vorgang sind die Steine rund geschliffen geworden. Besonders interessant sind die nordischen Findlinge, sie enthalten Granit und kommen in zahlreichen Farbnuancen vor.

Häufig sind sie von Bänderungen durchzogen. Größe und Gewicht variieren beträchtlich. Sie eignen sich für die Gestaltung von Bachläufen und als Seitenbegrenzung des Teiches. Eine außergewöhnliche Wirkung erzielt man, wenn man die Findlinge direkt in den Teich legt und sie aus dem Wasser herausragen.

Plattenmaterial eignet sich hervorragend für den Bau von Wasserfällen oder Trockenmauern, die den Teich begrenzen oder Höhenunterschiede im Gelände abfangen. Kalkgesteine und Schieferarten sind gefragt. Viel verlangt

werden auch Gneis, Glimmerschiefer, Paragneis, Quarzit, Marmor und Dolomitmarmor. Von weich bis porzellanhart reichen die Eigenschaften. Weiche Kalksteinarten lassen sich zwar gut bearbeiten, der ständige Abrieb jedoch wirkt sich auf die Teichchemie negativ aus.

Kristalline Formen haben einen säulenartigen, oft mehreckigen Aufbau. Beim Abbau bleibt der natürliche Charakter der Steine erhalten. Einzeln errichtet oder in Gruppen mit unterschiedlich hohen Steinen wirken sie sehr dekorativ. Sie sind eigentlich zu schade und auch zu wertvoll, um in einem Wasserfall verbaut zu werden. Man sollte sparsam mit den Steinen

▲ Diese wunderschönen Steine werden unter dem Namen Rosario gehandelt.

▲ Lavagestein sollte man nur gewaschen einsetzen.

umgehen und sie nur an gut einsehbaren Stellen platzieren.

Stelen bestehen aus Hartgesteinen wie Granit. Die hohen Stelen werden senkrecht in Steinbrüchen abgebaut und haben wegen ihrer Materialdichte ein enormes Gewicht. Nach oben laufen sie konisch zu. Durch den Eisenanteil, der zu wunderschönen Farbgebungen führt, wird der Unikatcharakter noch unterstrichen. Relativ neu auf dem Markt sind Stelen aus mehreren Gesteinsarten, die durch spezielle Abbaumethoden ihre Gestalt erhalten. Ähnlich wie die kristallinen Formen werden Stelen einzeln oder in Gruppen aufgestellt.

Blockstufen stammen aus Sedimentgesteinen und bestehen aus Kalkmaterial oder Sandstein. Sie werden in großen Steinbrüchen als Block abgebaut und leicht bearbeitet. Bestens geeignet sind sie für größere Gewässer und den Mauerbau.

Konglomerate sind höchst unterschiedliche Steinmaterialien, die ursprünglich als Sedimentgestein entstanden sind und interessante Formen bilden. Besonders schön wirken sie als großer, flacher Findling mit glatter Oberfläche. Sie eignen sich für Bachläufe und Wasserfälle sowie als Solitär. ■

Transport und Sicherheit

■ Beim Kauf von Steinmaterial sollten Sie eine präzise Auskunft zum Gewicht einholen und klären, ob die Anlieferung mit dem Abladen auf einer Palette vor der Haustür endet. Die meisten Steinlieferanten sind so ausgerüstet, dass ein Weitertransport zum eigentlichen Standort im Garten möglich ist, was natürlich zusätzlich Geld kostet. Deshalb muss bei Anlieferung der exakte Standort feststehen. Schwere Steine werden normalerweise per Kran und mit Gurten an Ort und Stelle positioniert. Dabei muss der Stein auf einem kleinen Fundament abgesetzt werden, damit sich die Gurte entfernen lassen.

Für Aufbauten im Teich gelten andere Regeln. Werden Findlinge direkt in den Teich eingesetzt, ist das Wasser bis auf die Höhe der Stellfläche abzulassen. Die Fläche sollte eben und nicht mit Kies bedeckt sein. Als Schutzschicht wird eine zwei- bis dreimal gefaltete Teichfolie aufgelegt, darauf wird der neue Stein platziert. Für das Abladen wird der Findling angebohrt und per Spezialdübel mit einem Kopf aus einer Ringhalterung versehen. Hier wird ein Stahlseil eingeführt und der Stein an das Hebegerät gehängt. Der Stein

▲ Händler führen die verschie-
densten Steinmaterialien. Man
sollte immer nach der Frost-
härte Fragen und nicht nur
nach der Schönheit gehen.

▼ Der tonnenschwere Stein wird
mit einem Kran über das Haus
direkt in den Teich gehoben.
Der Stein hängt dabei an einem
Dübel.

kann auf diese Weise notfalls sogar über das Dach des Nachbar-
hauses gehoben werden. Später
wird der Dübel entfernt und das
Loch mit einer Steinpaste verschlossen.

Steine in Säulenform mögen für
einen gewissen Zeitraum in der
Erde sicher stehen, aber eine end-
gültige Lösung ist das nicht. Je
nach Beschaffenheit bietet der
Boden schon beim ersten Regen keinen festen Halt mehr. Eine
250 cm lange Stele sollte mindestens 50 cm tief in ein Fundament
aus Magerbeton versenkt werden,
nur so ist auf Dauer Sicherheit
gewährleistet. Ein Stein mit der
durchschnittlichen Materialstärke
von 20–30 cm wiegt 250–300 kg.
Viele Händler haben die Schwierig-
keiten beim Aufbau erkannt und
liefern Stelen und Steinnadeln mit
einem gesägten Boden, der eine
bessere Standfläche bietet. ■

Unterschiedliche Kiesarten

■ Kies im Teich und Bachlauf ist unbestritten das wichtigste Steinmaterial und manchmal – je nach Bauweise eines Teiches – sogar ein unverzichtbarer Baustoff. Man unterscheidet zwei Arten: Kies in allen Größen und Farben, der so verwendet wird, wie man ihn aus Gruben oder Flüssen baggert, und Quetschkiese, die aus unterschiedlichem, regional differierendem Steinmaterial zu bestimmten Korngrößen verarbeitet werden. Letztere sind beim Teichbau mit biologischen Materialien wichtig, weil man große Mengen als Auflastschicht über der Abdichtung braucht. Bei Folienteichen ist die Verwendung von Quetschkiesen nicht zu empfehlen, denn die scharfen Bruchkanten drücken beim Betreten der Teichfläche Löcher in die empfindliche Folienhaut. Um große Flächen preiswert abzudecken, nimmt man am besten Rheinkies. Er hat verschiedene Korngrößen und ist vielfarbig, was im Wasser hübsch aussieht.

Kies lässt sich selbst dann einbringen, wenn ein Teich schon länger existiert und man sich über die Folienflächen im Wasser ärgert. Sogar an steileren Stellen funktioniert das, wenn man im unteren Bereich mit größeren Steinen beginnt und darüber eine Aufschüttung mit kleineren Steinen errichtet. Für diese Arbeit muss man das Wasser im Teich ablassen. Mit einem Kubikmeter Kies kann eine Teichfläche von 15 – 18 m² abgedeckt werden.

Des Weiteren bieten Steinhändler Sorten aus allen Ländern an, häufig passen sie in Farbe und Struktur zu größeren Steinen. Diese Kiesarten sind in Säcken abgepackt und sind deutlich teurer als lose Ware. Besonders beliebt ist der schneeweiße Kies aus Carraramarmor, den es in unterschiedlicher Körnung und auch als Quetschkies gibt. Vor allem im Randbereich oder als Auskleidung für einen Bachlauf sieht er anfangs sehr dekorativ aus, wenn man sparsam damit umgeht. Tatsache ist: Je heller eine Kiesart, umso schneller wird sie von einer unschönen Algenschicht überzogen.

Neben allen optischen Vorzügen hat Kies im Teich oder Bachlauf noch anderes zu bieten. Auf dem Teichboden verteilt, bieten die Steine einen idealen Lebensraum

PRAXISTIPP

■ Rhein- oder Oberrheinkies kommt mit starken Lehmanhaftungen direkt aus dem Strom. Wenn Sie ihn wie geliefert in den Teich einlegen, wird dieser umgehend für längere Zeit trüb. Selbst wenn das Wasser wieder klar ist, ist diese Lehmschicht auf den Steinen sichtbar. Aus diesem Grund sollten Sie den Kies vorher gründlich waschen. Dafür nehmen Sie am besten ein Kompostsieb und legen es über eine Schubkarre. ■

für die wichtigen Kleinlebewesen und Mikroorganismen. Im Bachlauf sorgt Kies für eine bessere Verwirbelung des Wassers, das dann mit Sauerstoff angereichert wieder in den Teich gelangt. Sobald ein Bach in einem Bett aus Kieseln fließt, beginnt die Anlage zu leben. Bunte Kiesel machen den Teich noch lebendiger. ■

Gebohrte Steine als Sprudler

■ Findlinge eignen sich hervorragend als Quellstein. Denken Sie aber daran, dass sich nicht jeder Stein bohren lässt. Poröses Gestein und Konglomerate aus unterschiedlichem Steinmaterial sind immer problematisch. Eine Bohrung ist mit hohem technischen Aufwand verbunden, deshalb sollte man sich nicht selbst daran versuchen. Man kann einen vorgebohrten Stein kaufen, doch nicht immer findet man die

gewünschte Größe oder Gesteinsart. Händler können in den wenigsten Fällen die Bohrung ausführen, dafür müssen Sie sich an einen Steinmetz wenden. Je nach Gesteinsart betragen die Kosten dafür 2 bis 3 Euro pro Zentimeter Steinhöhe. Bei Steinen mit Mulden oder wechselnder Oberflächenstruktur sollte man vor der Arbeit Wasser über den Stein gießen und die Ablaufrichtung genau beobachten, denn danach richtet sich die exakte Position der Bohrung. Wenn man Steine nachträglich bohren lässt, muss man wissen: Der Steinmetz übernimmt keine Garantie, wenn der Stein dabei platzt. ■

▶ Drei unterschiedlich große Steine sprudeln hier um die Wette, unterhalb liegt die Pumpe mit einem regulierbaren Verteilersystem.

Teichrandeinfassungen

■ Mit Platten eingefasste Teiche sehen nicht nur gut aus, sie sind relativ sicher und vor allem ganzjährig begehbar. Für Fertigbecken gibt es passgenaue Modulsysteme. Sie sind aus Beton gefertigt und ziemlich uniform, aber sie verdecken den hässlichen Rand. Deutlich natürlicher wirkt eine Teichumrandung aus Naturstein-Polygonalplatten, die in allen möglichen Gesteinsarten erhältlich sind: Schiefer, Gneis, Serpentin, Kalkstein, Glimmerschiefer oder Sandstein sind nur einige von vielen.

Auch bearbeitete Natursteinplatten, zum Beispiel aus Granit, kann man dafür verwenden. Sie sollten eine raue Oberfläche mit Struktur haben, denn auf glatten Steinen kann man bei Nässe ausrutschen. Mit einer Teichumrandung aus Plattenmaterial lässt sich die Kapillarsperre gut verbergen und auch ein unansehnlicher

Folienrand kaschieren. In diesem Fall werden die Platten mit einem leichten Überstand, der 5–8 cm nicht überschreiten darf, im Randbereich eingebracht. Diese Platten müssen besonders gut fixiert werden.

Werden Polygonalplatten, also unregelmäßig geformtes Material, gesetzt, legt man eine gerade

Kante über den Teichrand hinaus und schließt die nächste Platte so dicht wie möglich an. Die restliche Platte liegt über der Kapillarsperre und muss mit etwas Beton oder Teichmörtel fixiert werden. Weil die Platten unregelmäßig sind, entstehen unterschiedlich breite Spalten, die man mit Kieselsteinen füllen oder flach wachsenden Stauden bepflanzen kann. Es gibt auch speziell dafür geeignete Trittplatten, die sich mit größeren Zwischenräumen am Teichrand

Pflastersteine: Größe und Mengenbedarf

Art	Größe in cm	Fläche / t (ca.)	Stück / t (ca.)
Großpflaster	15 / 17 / 16	2,7 m²	90 – 100
	15 / 17 / 14	2,8 m²	100 – 110
Kleinpflaster	9 / 11	4,4 m²	490
	8 / 10	4,8 m²	550
	8 / 11	4,8 m²	540
	7 / 9	5,5 m²	800
Mosaikpflaster	5 / 7	7,5 m²	2500
	4 / 6	8,5 m²	4000
	3 / 6	10 m²	5000

einbauen lassen. Sie sollten trocken in einem Sandbett verlegt werden, um sicher zu sein.

Weiterhin kann man mit einem Band aus Pflastersteinen arbeiten. Ob dafür Kunststein oder ein Natursteinpflaster verwendet wird, ist Geschmackssache. Granit in vielen Farben, Porphyr oder Basalt sind preiswert und leicht zu verlegen. Man unterscheidet zwischen Großpflaster, Kleinpflaster und Mosaikpflaster. Über Materialeigenschaften, Größen und Mengenbedarf informiert die Tabelle auf Seite 72.

Je nach Teichgröße werden drei bis fünf Reihen verlegt. Die Einfassung wird unmittelbar hinter der Kapillarsperre platziert und schützt diese zusätzlich. Pflastersteine sollten nicht lose im Boden oder Sand trocken verlegt werden, weil sie sich innerhalb kürzester Zeit verschieben und der Weg rund um den Teich krumm und schief ist. Für einen sicheren Halt hebt man einen etwa 25 cm tiefen Graben in der gewünschten Breite der Einfassung aus und füllt diesen zur Hälfte mit Schotterkies auf. Der Einbau der Pflastersteine erfolgt in Magerbeton. In einem letzten Arbeitsgang werden die Zwischenräume der Pflastersteine mit Spielkastensand verfüllt.

Für diejenigen, die sich die Pflasterarbeit nicht selber zutrauen oder die sich das mühsame Verlegen der einzelnen Steine ersparen wollen, gibt es vorgefertigte Pflasterelemente in unterschiedlichen Formen und Größen. Sie werden wie Platten verlegt und eignen

sich bestens für Einfassungen, Wege und Sitzplätze. Die einzelnen Würfel des „Fertigpflaster-Moduls" sitzen in einem Betonbett und bestehen jeweils aus einer gewissen Menge an Pflastersteinen. Lieferbar sind gerade Kanten, Bogenstücke, Winkelteile und Kreissegmente.

Eine andere Möglichkeit sind Klinkersteine oder eine Kombination aus Granitwürfeln (siehe Tabelle auf Seite 72).

Klinkersteine: Größe und Mengenbedarf

Größe in mm	Mengenbedarf / m²
240 × 118	32
200 × 100	48
300 × 150	22
200 × 200	25
150 × 150	44
220 × 105	42
200 × 150	33

Diese Teicheinfassung ist sehr sicher und jederzeit begehbar. Nicht vermeiden lässt sich eine etwas strenge Anmutung. Dies lässt sich mildern, wenn es gelingt, eine Wegeführung aus dem gleichen Material vom Teich weg in andere Gartenbereiche zu entwickeln. Von Teichrandeinfassungen aus Holz ist abzuraten. Holz verrottet im Boden und bei Nässe ist es glatt und rutschig. ◼

▼ Gesägte Platten lassen sich besonders gut verlegen.

Gewichte nicht unterschätzen

◼ Das Gewicht eines Steines bestimmt seine Materialdichte. Die Werte sind weitgehend festgelegt, dennoch gibt es Abweichungen. Dies ist auf die Fundgebiete für gleichartige Gesteinsarten in aller Welt zurückzuführen. Ferner wird zwischen Hart- und Weichgestein unterschieden, die Tabelle auf Seite 74 gibt einen Überblick über

die spezifischen Gewichte der bekanntesten Gesteinsarten.

Bei Steinmaterial, das zu Platten, Blöcken oder anderen metrischen Formen verarbeitet wurde, lässt sich das Gewicht pro Kubikmeter schnell errechnen. Bei natürlichen Formen wie Findlinge und Solitäre ist eine exakte Gewichtsermittlung

ohne Waage nicht möglich. Reno-
mierte Steinhändler wiegen ihre
Findlinge und zeichnen sie in der
Regel mit Gewichts- und Preisang-
ben aus.

Meist verschätzt man sich, denn
Steine sind viel schwerer als man
glaubt. Nur wenige Zentimeter
mehr in Breite und Höhe – und der
Stein kann ohne Maschine, Gurte
oder Flaschenzug nicht mehr bewegt werden.

Wenn Sie mit derartigen Gewichten hantieren, müssen Sie sorgfältig und auf Sicherheit bedacht
vorgehen. Das richtige Werkzeug,
Maschinen mit Hebekraft und
Schutzkleidung, vor allem Schuhe
möglichst mit Stahlkappen, sollten selbstverständlich sein. Bei der
Anlieferung von schweren Steinen
sollte man sich überlegen, ob es
möglich ist, ggf. gegen Aufpreis,
die Steine so abzulegen, dass sie
gleich an der richtigen Stelle sitzen. Die Quälerei mit hohen Gewichten und Unfallgefahren wären
so von vornherein ausgeschlos-
sen. Ein spezielles Hebegerät soll

Steinmaterial: Spezifisches Gewicht

Gesteinsart	Gewicht t / m³	Farbe
Hartgesteine		
Granit	2,60 – 280	rötlich-grau
Syenit	2,60 – 2,80	grau bis rotbraun
Diorit	2,70 – 3,00	schwarz
Quarz-Porphyr	2,50 – 2,85	dunkelviolett bis grau
Basalt	2,85 – 3,05	grau-schwarz
Tuffgestein	1,80 – 2,00	gelblich bis rotbraun
Gneis	2,65 – 3,10	grünlich, silbrig, rot
Weichgesteine		
Sandstein	2,00 – 2,60	rotbraun, hellgelb, oft gebändert
Quarzit	2,60 – 2,75	grau
Grauwacke	2,60 – 2,75	hell bis dunkelgrau
Kalkstein	2,65 – 2,85	gelb-bräunlich bis grau
Muschelkalk	2,60 – 2,80	hell- / dunkelgrau, gelblich-braun
Travertin	2,40 – 2,50	gelblich, braun geadert
Kalktuff	1,70 – 2,60	porös weiß-gelb
Konglomerate	2,50 – 2,60	grau-gelblich

noch erwähnt werden: die Hebe-
zange für mittelschwere Steine
und Findlinge. Sie wird von zwei
Personen bedient. Die Greifarme
der Zange werden über den Stein
gestellt, sie klemmen ihn beim
Anheben fest. Per Hebelwirkung
können auf diese Weise vor allem
runde Steine gut und sicher transportiert werden. ■

Künstliche Steine, Verblendungen und Felslandschaften

■ Jeder hat sie schon gesehen, aber nicht immer regist-
riert, dass die Felslandschaft im
Zoo, Schwimmbad oder Freizeit-
park künstlich ist. Erst wenn man
daran klopft, merkt man, dass
man vor einem täuschend echt
nachgemachten Stein oder Felsen
steht. Die Hohlkörper sind so stabil, dass ihnen weder Wind noch
Wetter noch Frost etwas anhaben
können, darüber hinaus sind sie
erosions- und UV-beständig. Man
kann auf ihnen sitzen, sie begehen
und sie sind über und unter Wasser einsetzbar. Die Formteile sind
so leicht, dass sie bis zu einer gewissen Größe von nur einer Per-
son bewegt werden können, denn
stärkeres Material hat ein Gewicht
von lediglich 25 kg / m². Die Imi-
tate sind die perfekte Illusion, ein
Abbild der Natur, die als Vorlage
dient: Von Steinen oder Felsfor-
mationen werden Silikonabdrücke
genommen. Aus ihnen arbeitet

man Negativformen, welche die Oberflächenstruktur und die ursprüngliche Form nachbilden. Der Guss erfolgt aus polymermodifiziertem oder mineralischem Glasfaserbeton. Die Felslandschaften werden nach genauen Vorgaben zugeschnitten und auf der Baustelle zusammengefügt. Die Übergänge werden modelliert und sind später unsichtbar. Farbe, Strukturen, Bänderungen oder Einschlüsse geben nach der Fertigstellung exakt das Original wieder. Aufgrund des geringen Gewichts ist das Material auch eine ideale Lösung als Wandverkleidung. Im Laufe der Zeit bilden sich auf der Oberfläche Algen und Moose. In Senken, Mulden, Ritzen oder Spalten lassen sich flach wurzelnde Pflanzen integrieren.

Bundesweit gibt es eine Reihe von Firmen, die auf Auftrag ein individuelles Projekt in Ihrem Garten verwirklichen. Für die Planung und die Ermittlung der Kosten kommt ein Mitarbeiter zu Ihnen nach Hause. In der Regel müssen Sie mit einer Lieferzeit von vier bis sechs Wochen rechnen. Für die Montage werden vor Ort vier bis sechs Arbeitsstunden benötigt. Ihr Gewicht lässt zu, dass die Felsimitate praktisch überall errichtet werden können – auch an Stellen, die einen echten Stein aus statischen Gründen niemals tragen könnten oder die man mit Maschinen nicht erreicht.

Für besonders große Anlagen ist eine aus mehreren Etagen bestehende Stahlkonstruktion notwendig. Über diesem Unterbau wird aus Baustahlgewebe und

Maschendraht die Landschaft grob geformt und dann mit einem Spezialvlies abgedeckt. So lassen sich Treppen, Sitzplätze, Aufgänge und Terrassen in der Felsenlandschaft konstruieren. Die Verkleidung erfolgt mit flüssigem Beton, dem Glasfaser und Kunststoff beigemengt wurden. Farblich und strukturell wird das Material so abgestimmt, dass es nach dem Trocknen von echtem Gestein kaum zu unterscheiden ist.

Weil aus mineralischem, durchgefärbtem Glasfaserbeton dünnwandige Objekte hergestellt werden können, ist es möglich, extrem leichtgewichtige und doch großvolumige Findlinge zu produzieren. Die Bandbreite reicht vom rund geschliffenen Granitstein bis zum mehrfarbigen Marmorblock

▶ **Der künstliche Stein hat auf der Rückseite eine Öffnung, die mit einer Klappe unsichtbar verschlossen werden kann.**

▼ **Das Leichtgewicht ist aus Polyester gefertigt und hat eine natürlich wirkende Oberfläche. Im Hohlkörper verbirgt sich die gesamte Technik.**

mit Bruchkanten. Weil sie so natürlich wirken, lassen sie sich gut mit echten Gesteinsarten wie zum Beispiel mit größeren Kieseln kombinieren. Die Algenablagerung wird beschleunigt, wenn ständig Wasser über die Steine rinnt. Wer sich daran stört, kann die Oberfläche des Kunststeins bedenkenlos mit einer Bürste reinigen, denn das Material ist durchgefärbt und behält seine Struktur und Farbe. Am besten geht das mit einer Wurzelbürste. Ein großer Vorteil ist, dass sich in den Hohlkörpern die gesamte Technik eines Wasserfalls, Bachlaufs oder Teiches, Steuerungsgeräte, Steckdosen und Kabel unterbringen lassen. Und nicht zuletzt: Aus dem Material treten weder Schad- noch Sickerstoffe aus, es ist umweltverträglich und recycelbar. ■

Teiche begehbar machen

Ein begehbarer Teich bringt völlig neue Blickwinkel ins Spiel, denn das Leben am und im Teich kann dann nicht nur vom Rand aus beobachtet werden, sondern auch von oben. Ideal ist es, wenn die Anlage des Teiches und dessen Begehbarkeit miteinander geplant und verwirklicht werden können. Doch auch der nachträgliche Bau ist möglich.

Die richtige Stelle

In den meisten Fällen besteht der Teich bereits, seine Lage ist vorgegeben, und das neue Projekt „Brücke" oder „Holzdeck" wird erst viel später in Angriff genommen. Zu überlegen ist, mit welchen Mitteln man welchen Effekt erzielen möchte. Das veränderte Bild muss sich völlig integrieren und den Eindruck vermitteln, als hätte es die Möglichkeit zur Begehung schon immer gegeben.

Welche Möglichkeiten gibt es?

Es gibt viele Mittel und Wege, einen Beobachtungsplatz zu errichten. Allein die zahlreichen Brückenmodelle machen die Entscheidung nicht leicht. Stege, die weit in die Wasserfläche

▶ Hier wurde der Flachwasserbereich mit Trittplatten auf der Wasseroberfläche abgetrennt. Sie machen das Wasser mühelos begehbar.

Betrachterseite

▶ **Ein Weg über das Wasser eröffnet vollkommen neue Dimensionen. Solch eine Installation sollte aber auch von der Betrachterseite aus sichtbar sein.**

hineinragen, sind mindestens so interessant wie Terrassen, die über dem Wasser „schweben". Ein schon vorhandener Sitzplatz am Teich lässt sich in Richtung Wasser verlängern.

Brücken aus Stein haben ein enormes Gewicht, deshalb unterliegen sie in Bezug auf ihre Größe baulichen Einschränkungen und sind

eher als Übergang für schmalere Teichbereiche geeignet. An größeren Teichanlagen ermöglicht Holz die verschiedenartigsten Aufbauten.

Eine weiteres Mittel, um den Teich aus einer anderen Perspektive zu entdecken, sind Trittsteine, über die man trockenen Fußes an das gegenüberliegende Ufer gelangt.

Hierfür sollte man Steinmaterial verwenden, denn nasses Holz ist immer glitschig. Zunächst sollte man etwas mehr über den Baustoff Holz wissen, denn nicht jedes Holz ist für die Verwendung in Wassernähe geeignet. Nachfolgend werden die wichtigsten heimischen sowie einige tropische Holzarten beschrieben, die sich in dieser Situation bewährt haben. ■

Betrachterseite

▲ Auf Seite 76 ist ein Foto mit
Trittplatten zu sehen. Die
technische Zeichnung zeigt,
wie solch eine interessante
Wegeführung über das Wasser
möglich ist.

Das abgebildete Teichprofil zieht sich wie ein roter Faden durch das gesamte Buch und zeigt immer wieder neue Teichsituationen. Durch die gleichbleibende Form lässt sich leicht erkennen, wie ein Teich durch unterschiedliche Elemente in seiner Wirkung verändert werden kann.

▲ Ein einfacher Steg, der in den Teich hineinragt, ist gelungen mit dem Wasserfall kombiniert. Beide Gestaltungselemente liegen wieder im Blickfeld des Betrachters.

80

Kleine Holzkunde für Bauten am Teich

■ Um Holz haltbar zu machen, durchläuft es bis zu seiner endgültigen Verwendung diverse Prozesse, um vorzeitiger Fäulnis entgegenzuwirken. Von tief in das Kernholz eindringenden Lasuren über einfache Anstriche bis zur Kesseldruckimprägnierung gibt es

▼ **Die Standfestigkeit des alten, allerdings sehr dekorativen Holzstegs muss jährlich geprüft werden.**

unzählige Methoden. Um es gleich vorweg zu nehmen: Behandeltes Holz sollte in Teichnähe besser nicht verbaut werden. Nach und nach werden chemische Substanzen der Imprägnierung durch Witterungseinflüsse aus dem Holz ausgespült und gelangen ins Wasser, was sich fatal auf das biologische Gleichgewicht auswirken kann. Natürlich reduziert sich dadurch die Palette der verwendbaren Holzarten.

Unter dem Begriff „Gartenholz" haben wir unterschiedliche Holzarten, die resistent sind gegen Schädlinge und Pilze und bis zu einem gewissen Grad Wind und Wetter trotzen. Holz ist nach DIN in Gefährdungsklassen von 0 bis 4 eingeteilt. Damit wird festgehalten, wie sich Holz vor allem nach der Verarbeitung auf längere Sicht gesehen verhält. Gartenholz hat die Gefährdungsklasse 4 mit folgenden Kriterien: Erdkontakt, Süßwasserkontakt (Regen), Holzteile ganz oder teilweise in Erdreich oder Beton verarbeitet. Zudem

Resistenzklassen für Gartenholz

Resistenzklasse	1 – sehr dauerhaft	2 – dauerhaft	3 – mäßig dauerhaft	4 – wenig dauerhaft	5 – nicht dauerhaft
Holzart	tropische Hölzer, Robinie	Eiche, Esskastanie	Douglasie, Kiefer, Lärche	Rot-Eiche, Fichte	Buche, Pappel, Birke

werden Hölzer – ebenfalls nach DIN – in Resistenzklassen gegliedert (siehe Tabellen auf Seite 81), die ausdrücken, wie resistent eine unbehandelte Holzart gegen holzzerstörende Insekten und Pilze ist.

Nur wenige heimische Holzarten sind ohne Imprägnierung als Gartenholz geeignet. Außer Acht gelassen wurde bisher ein Verfahren, das Hölzer ohne Chemie durch Wärmebehandlung haltbar macht. Dieses Thermoholz ist ziemlich teuer. Deutlich von Vorteil sind alle tropischen Holzarten, doch die Zerstörung des tropischen Regenwalds verbietet deren unkontrollierte Verwendung. Inzwischen vertreiben viele Holzhändler tropische Hölzer nur noch mit dem FSC-Gütesiegel (Forest Stewardship Council), das garantiert, dass das verkaufte Holz nicht aus Raubbau stammt, sondern von Plantagen, wo parallel zur Entnahme Aufforstungen stattfinden. Die Tabelle auf Seite 81 listet die wichtigsten Arten tropischer Hölzer, ihren Verwendungszweck und alternative heimische Holzarten auf.

Holzpflege

In Wassernähe dürfen nur unbehandelte Holzarten eingesetzt werden. Das Gleiche gilt für Holz mit nachträglich aufgebrachten Anstrichen, Lasuren oder

Haltbarkeit von unbehandeltem Gartenholz bei heimischen Witterungsverhältnissen

Holzart	Haltbarkeit in Jahren (ca.)
Pappel	2 – 3
Birke	2 – 3
Lärche	15 – 18
Eiche	20 – 25
Buche	3 – 4
Robinie	30 – 35
Douglasie	10 – 12
Fichte	3 – 4
Kiefer	4 – 5
tropische Hölzer	unterschiedlich, meist ähnlich wie Robinie

Gartenhölzer im Vergleich

Tropenholz	Einsatzbereich im Garten	Alternative heimische Art
Bankirai, Basralocus, Bilinga, Bongossi, Kapur	Brücken, Wasser-/Belagholz	Eiche, Lärche, Robinie, Ulme
Aframosia, Bankirai, Brasil-Kiefer, Cedro, Cordia, Limba, Teak	Wasser-/Belagholz	Eiche, Stein-Eiche, Robinie, Ulme
Itauba, Makore, Massaranduba, Meranti, Wenge	Decks, Terrassen, Treppen	Douglasie. Eiche, Esche, Fichte, Kiefer, Lärche, Tanne, Ulme, Robinie
Afzelia, Framire, Iroko	Bänke, Treppen, Decks, Gartensitzplätze, Gartenmöbel	Hainbuche, Eiche, Kiefer, Robinie

Imprägnierungen. Auch Wachse und Öle, mit welchen man hölzerne Gartenmöbel auffrischen kann, neigen dazu, sich durch Witterungseinflüsse auszuwaschen und Substanzen abzusondern, die besser nicht in das Teichwasser gelangen sollten. Kurz gesagt: Von der Holzpflege mit chemischen oder biologischen Präparaten in unmittelbarer Wassernähe ist abzuraten. Die beste Methode, Holz zu schützen, ist die Entscheidung für das richtige Holz, die passende Bauweise und der sorgfältige Umgang mit diesem wunderbaren Material. ■

Sitzplätze am Wasser

■ Es gibt unzählige Gestaltungsmöglichkeiten für einen Sitzplatz am Wasser, viele Ideen lassen sich gut mit dem Baustoff Holz verwirklichen. Unter Berücksichtigung einiger technischer Voraussetzungen sind Sitzplätze, die bis an den Teichrand reichen, relativ einfach zu errichten. Bedeutend schwieriger wird es, wenn die Terrasse oder der Sitzplatz in die Wasserfläche hineinragen und dort abgestützt werden soll. Wie groß eine hölzerne Plattform am Teich ausfallen soll, lässt sich nicht pauschal festlegen, sie muss aber proportional zur Größe des Teiches passen und darf nicht größer sein als dieser.

Ideal ist es, wenn das Gelände, auf dem der Sitzplatz entstehen soll, in Waage liegt. Ist das nicht der Fall, kann man Differenzen mit Punktfundamenten ausgleichen. Deren Anzahl richtet sich nach der Größe des Sitzplatzes, die Oberkanten müssen eine plane Fläche ergeben. Punktfundamente lassen sich ganz einfach mit Hohlblocksteinen oder Pflanzsteinen errichten. Man stellt sie auf eine etwa 20 cm starke Schotterschicht und vergießt sie mit Beton. Bei Bedarf können auch zwei Steine aufeinander gestellt werden. Sie stehen aufgrund ihres Nut- und Federsystems sicher und können nicht verrutschen. Rechteckige Steine in den Abmessungen 37,5 × 20 cm oder 30 × 20 cm sowie quadratische Steine von 30 × 30 cm sind optimal.

▼ **Terrassen am Wasser müssen keineswegs symmetrisch sein. Geschwungene Ränder mit Dekomaterial wirken belebend.**

▲ Eine der schönsten Plätze an einem Teich ist ein Terrassendeck, dass partiell über das Wasser reicht.

Sinnvoll ist der Einbau eines verzinkten Stützschuhs oder Pfostenträgers in den Hohlblockstein, um die Pfosten oder Balken des Grundgerüsts zu sichern und Bodenkontakt auszuschließen. Pfostenträger erhält man, angepasst an die Normmaße von Balkenholz, in jedem Baumarkt.

Schritt für Schritt
Einen Sitzplatz bauen

1 Um den sicheren Halt der Rahmenkonstruktion zu gewährleisten, werden die Punktfundamente im Abstand von maximal 80 cm (bei Holz mit einer Kantenlänge von 100 mm) in Längsrichtung aufgestellt, die gleichen

Abmessungen gelten für die Querrichtung. Je massiver die Kanthölzer für die Rahmenkonstruktion sind, desto größer dürfen die Abstände zwischen den einzelnen Punktfundamenten sein. Dies gilt auch für den Verbau im Teich.

2 Um die Anzahl der Punktfundamente zu ermitteln, brauchen Sie ein Rollbandmaß und eine Maurerschnur. Hilfreich ist eine Wasserwaage mit Laserpointer, mit dem sich die genaue Höhe der Fundamente einlesen lässt.

3 Zunächst werden das erste und das letzte Punktfundament einer Reihe erstellt.

4 Sobald beide Fundamente gleich hoch sind, wird die Maurerschnur gespannt, die die Höhe aller weiteren Fundamente in dieser Reihe vorgibt. Alle weiteren Reihen werden auf dieselbe Art errichtet.

5 Wenn sämtliche Steine stehen, werden sie vorsichtig mit Beton vergossen.

6 Zum Schluss werden die Pfostenträger eingesetzt, indem man sie in den noch weichen Beton drückt. Zwischen Träger und Betonoberkante sollte ein Zwischenraum von 1–1,5 cm liegen. Die Eisenelemente müssen exakt waagerecht eingesetzt werden, sie

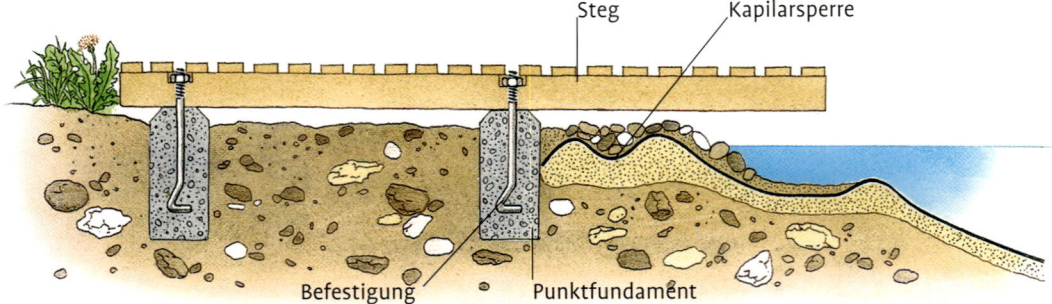

Steg Kapilarsperre

Befestigung Punktfundament

▲ **Je weiter ein Steg über die Wasserfläche hinausragt, desto sicherer muss er konstruiert sein.**

dürfen nicht verwinkelt sein. Jede kleinste Abweichung macht es später schwer, die Holzbalken des Grundgerüsts passgenau zu fixieren. Um einen einheitlichen Abstand zwischen Träger und Betonrand zu erreichen, unterlegt man den Träger mit einem Stückchen Styropor, das sich später leicht wieder entfernen lässt. Wenn Sie verhindern wollen, dass Unkraut durch die Ritzen wächst, können Sie schon vor dem Aufbau entsprechende Maßnahmen ergreifen: Sobald die Punktfundamente abgebunden haben, decken Sie die Fläche mit einem Unkrautvlies oder einer Bändchenfolie ab und schütten darüber eine Kies- oder Schotterschicht. Dieser kleine Mehraufwand lohnt sich immer, denn auf diese Weise bleibt die Fläche unterhalb der Sitzfläche sauber.

Die beschriebene Bauweise eignet sich für Sitzplätze am Teich mit einem Überstand bis maximal 50 cm. Alles, was darüber hinausgeht, muss nach demselben Prinzip auch wasserseitig unterbaut

werden. Dafür muss das Wasser bis zur Standfläche der Punktfundamente abgelassen werden. Die Fundamente im Wasser sollten größer und schwerer als jene auf dem Land sein. Am besten verwendet man größere Hohlblocksteine oder große Bottiche beziehungsweise Eimer. Da der Grund eines Teiches selten absolut plan ist, wird das Aufstellen der Fundamente an dieser Stelle nicht einfach sein. Ferner ist die Folienhaut und jede andere Abdichtung wegen der zusätzlichen Auflast des Einbaus höchst gefährdet, deshalb sollten unbedingt zusätzliche Folienstücke unterlegt werden. Bottiche oder Eimer müssen einen planen Boden und dürfen keinen zusätzlichen Rand haben, weil dieser sich wie ein Reif in die Folie drücken würde. Auch hier stabilisieren Stützschuh oder Pfostenträger, in die das Kantholz eingesetzt wird, die Punktfundamente.

Schritt für Schritt
Die Rahmenkonstruktion bauen

1 Am oberen Ende des Kantholzes wird exakt in Höhe der Bodenfundamente eine Metallhalterung in Form eines Doppel-U verschraubt, die die Rahmenkonstruktion trägt. Sie muss nur noch mit den

Fundamentpunkten im Uferbereich verbunden werden.

2 Die in Längsrichtung verlegten Kanthölzer haben je nach Größe des Sitzplatzes nicht immer die entsprechende Länge und müssen gestückelt werden. Dies wird am besten an den Pfostenträgern vorgenommen, man verwendet dafür Lochbleche, die es in allen gängigen Maßen passend zum Holz gibt.

3 Um dem Rahmen Stabilität zu verleihen, sind in einem letzten Arbeitsgang Querhölzer einzubauen und mit Lochwinkeleisen an den Längshölzern zu verschrauben. Nun kann mit dem Bodenbelag begonnen werden.

Der Bodenbelag

Welche Holzart zum Einsatz kommen soll, ist eine Frage des Geschmacks und natürlich auch des Geldbeutels. Doch sollten Sie nicht nur ans Sparen denken, sondern auch unter dem Aspekt Sicherheit Entscheidungen treffen. Am besten eignen sich Holzarten mit gerillter Oberfläche, sie minimieren die Rutschgefahr. Die Bretter gibt es in den unterschiedlichsten Holzarten und in allen Breiten und Längen. Kaufen Sie möglichst Normlängen, die zur Rahmenkonstruktion passen, so vermeiden Sie Verschnitt.

Schritt für Schritt
Den Bodenbelag montieren

1 Jedes einzelne Belagbrett muss vorgebohrt werden, das Bohrloch wird vorher mit einem Stift markiert. Es empfiehlt sich, sorgfältig

▲ Dieses Holzdeck ragt über den Schwimmteich und ist aus geriffeltem Bankirai-Holz gefertigt. Rillen im Holz vermindern die Rutschgefahr.

▼ Punktfundamente, die direkt auf der Teichabdichtung stehen, müssen zusätzlich gepolstert werden, damit die Abdichtung nicht verletzt wird.

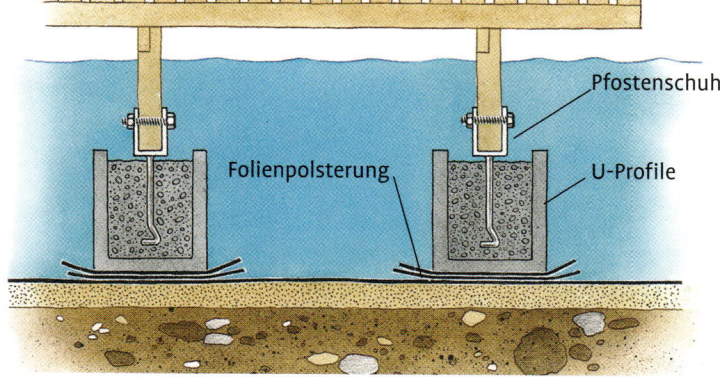

Pfostenschuh

Folienpolsterung

U-Profile

und genau vorzugehen, denn über unregelmäßig verlaufende Verschraubungen ärgert man sich später.

2 Sind alle Bretter vorgebohrt, kann mit dem Aufbau des Belags begonnen werden. Um ein wiederholtes Abmessen der Bretter zu vermeiden, baut man sich zwischen dem ersten und letzten Belagbrett eine Schablone, die als Anschlag für alle weiteren Bretter dient. Ein leichter Überstand von 15 – 25 cm im Randbereich macht die darunterliegende Rahmenkonstruktion weitgehend unsichtbar.

3 Beim Verschrauben mit Buntmetall- oder nicht rostenden Schrauben ist ein gleichbleibender Abstand wichtig; ihn erzielt man

mit einem 8 – 12 mm breiten Holzscheit, der zwischen die einzelnen Belagbretter gelegt wird. Da es dabei auf Genauigkeit ankommt, ist es leichter, wenn Sie bei all diesen Arbeiten zu zweit sind. ■

▲ **Ein Weg aus Polygonalplatten ermöglicht dem Besitzer jederzeit trockenen Fußes seinen Teich zu begehen. Unter solch einem Plattenweg verbirgt sich meist die Kapillarsperre.**

Wege um und durch den Teich

■ Das Kapitel Teichrandeinfassungen ging zwar schon auf diese Thema ein, trotzdem soll es hier noch einmal aufgegriffen werden. Es gibt eine Vielfalt an Natursteinen oder Steinimitaten aus eingefärbtem Betonmaterial. Man sollte darauf achten, dass die Oberfläche rau, die Plattengröße nicht kleiner

als ein großer Fuß und das Material leicht zu verlegen ist. Damit sich die Lage der Trittsteine am Teichrand nicht verändert, muss für jede einzelne Steinplatte ein Trockenfundament errichtet werden. Das ist etwas aufwendig, dafür können die Trittsteine später nicht verrutschen.

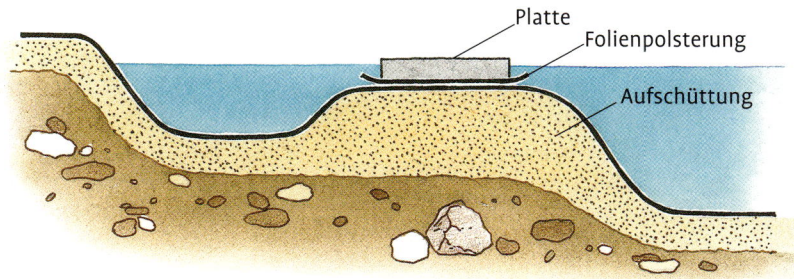

▶ Um einen Weg durch das Wasser zu gestalten, gibt es mehrere Möglichkeiten. Denkbar ungünstig ist aufgeschütteter Untergrund, denn dieser könnte leicht nachgeben und die gesamte Arbeit wertlos machen.

Platte · **Folienpolsterung** · **Aufschüttung**

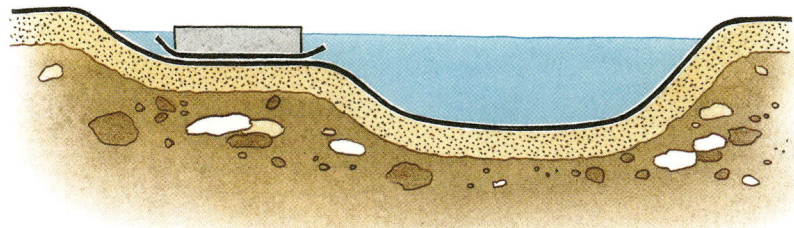

▶ Dieser Weg wurde von vornherein auf verdichtetem Teichboden angelegt und kann nicht absacken. Besonders sinnvoll ist dies in flacheren Bereichen, wie der Sumpfzone. Die Trittplatten sollten unterlegt werden, um die Folie nicht zu beschädigen.

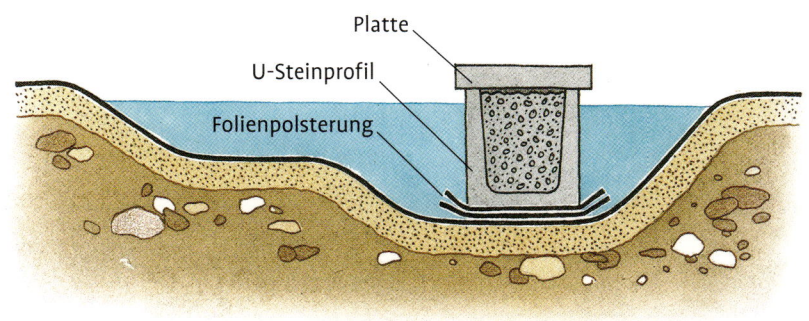

Platte · **U-Steinprofil** · **Folienpolsterung**

▶ Möchte man einen Weg durch das Wasser über tiefere Bereiche bauen, sind U-Steine aus Beton, die man mit der Öffnung nach oben legt, sehr hilfreich. Abgedeckt wird das Ganze mit den entsprechenden Trittplatten.

Das Trockenfundament besteht aus einer etwa 20 cm starken Schotterschicht, die mit einer groben Sandschicht abgedeckt und in die Trittplatte eingelegt wird. Mit der Wasserwaage ausgerichtet und einem Gummihammer leicht angeklopft, sitzt die Platte fest und sicher.

Trittplatten durch die Flachwasserbereiche des Teiches sind einfacher zu verlegen, denn sie müssen nur in geringem Maße an das Höhenniveau des Teichprofils und den Wasserspiegel angepasst werden. Kompliziert ist es allerdings, die richtige Stelle zu finden. Bei Teichneuanlagen können diese Stellen von vornherein eingeplant werden. Voraussetzung für den Einbau sind plane und sehr flache Zonen, die Wassertiefe muss dort flacher sein als der Stein hoch ist, damit die begehbare Fläche trocken bleibt. Für etwas tiefere Bereiche von 30 – 35 cm kann man höhere Natursteine wie die

PRAXISTIPP

■ Nachträglich eingebrachte Gestaltungselemente wie Stege, Brücken und Inseln dürfen das Gesamtbild der Wasseranlage nicht erschlagen. Sie sollen sich perfekt integrieren und nach ihrer Fertigstellung so wirken, als gäbe es sie schon immer. Dazu gehört auch der harmonische Anschluss einer Wegeführung, die vom Brückenkopf weg in andere Gartenbereiche führt. ■

kristalline Form von Basalt mit ihrem sechseckigen Aufbau einsetzen. Sie werden in verschiedenen Höhen angeboten, leider sind sie recht kostspielig. Sowohl eckige oder runde hohle Betonteile von 30–35 cm als auch die allerorts angebotenen Pflanzringe erfüllen den gleichen Zweck. Sie werden mit einer zusätzlichen Folienunterlage auf den Teichboden gestellt und für einen sicheren Halt mit Kies verfüllt. Auf die möglichst plane Oberfläche wird als Abdeckung eine Trittplatte aufgelegt. Beachten Sie: Je größer die Fläche der Unterlage, desto sicherer ist der neue Weg über das Wasser. Die Platten dürfen allerdings nicht hohl liegen.

Geeignete Steinarten

Granitarten als Trittplatten am und im Teich sind sehr begehrt. Es gibt sie in unterschiedlichen Farben und Größen. Meist handelt es sich um relativ preiswerte Ware aus Südostasien. Weitere schöne Trittsteine gibt es aus hartem Kalkgestein, Muschelkalk und farbigem Sandstein. ■

Wege, die über den Teich führen

■ Ein direkt über die Wasserfläche führender Weg eröffnet ungeahnte Einblicke in das Leben eines Teiches: Von hier aus kann zum Beispiel das Balz- und Laichverhalten heimischer Fischarten oder das Schlüpfen der Libellen beobachtet werden – kleine Naturwunder, die den meisten Menschen verschlossen bleiben. Ein weiterer Aspekt ist, dass man trockenen Fußes von dem einen in den anderen Gartenteil gelangen kann, ohne dass der Teich umrundet werden muss. In einem großen Teich lässt sich sogar eine Insel errichten, die über eine Brücke oder einen einfachen Holzsteg zu erreichen ist.

Die Bauweise einer Teichinsel einschließlich Statik entspricht dem Bau einer Terrasse (siehe Seite 83).

Es lassen sich weder Richtlinien für die Größe festlegen noch Empfehlungen abgeben, wo Brücken am besten aufzustellen sind, weil diese Komponenten vom Teich und seinem Umfeld beeinflusst werden. Aus bautechnischen Gründen werden sie meist an schmaleren Bereichen eines Teiches errichtet. Eine Ausnahme bilden natürlich Bauwerke mit einer Teichinsel, die per Brücke oder Steg von beiden Seiten zu erreichen ist.

Holzbrücken

Der Fachhandel bietet eine Vielzahl von Fertigbrücken und Bausätzen an. Neben unterschiedlichsten Holzarten und -qualitäten hat der Käufer die Wahl zwischen stegähnlichen Modellen oder solchen, die sich wie ein Bogen über das Wasser spannen. Und nicht

◄ Nichts Schöneres als eine Brücke über den Teich. Deren Größe, inklusive Geländer, muss aber zum Teich passen.

■ Da Holz ein reines Naturprodukt ist, sind kleine Abweichungen bei den Maßangaben möglich. Um diese ausgleichen zu können, legen Sie sich vor dem Aufbau eine kleine Sortierung unterschiedlich großer Holzkeile bereit. Für die erheblich schwereren Steinbrücken nehmen Sie Fliesenreste zum Unterlegen. ■

zuletzt muss man sich für eine Konstruktion mit oder ohne Geländer entscheiden. Ein Geländer trägt zur Sicherheit am Wasser bei, doch oft wirken solche Brücken an kleinen Teichen zu wuchtig. Im Internet findet man viele Anbieter von Fertigbrücken und Holz verarbeitende Firmen, die individuelle Brücken in Sondermaßen herstellen. Maßgefertigte Brücken werden in nummerierten Einzelteilen mit einer genauen Bauanleitung verschickt und können mit etwas handwerklichem Geschick an Ort und Stelle montiert werden. Dass sie etwas mehr kosten als eine Standardbrücke aus dem Baumarkt, versteht sich von selbst.

Für welchen Brückentyp Sie sich auch entscheiden: Das Wichtigste ist das Brückenlager, auf dem die jeweiligen Endpunkte einer Brücke zum Aufliegen kommen. Sowohl bei Fertigbrücken als auch bei Sondermaßen zählt dieses Bauteil nicht zum Lieferumfang und muss vor dem Aufstellen errichtet werden. Das Brückenlager verhindert zum einen, dass die Holzkonstruktion Erdkontakt hat und damit vorzeitig verfault, zum anderen hält es die Brücke

▲ Es reicht ein kleiner Steg, um den Teich mit einem anderen Gartenteil zu verbinden. Der Bau muss gut geplant sein.

▼ Eine Brücke am Teich sollte ein sorgfältig errichtetes Brückenlager besitzen. Nur dann ist die Sicherheit gewährleistet.

DARAUF IST BEIM AUFBAU VON BRÜCKEN ZU ACHTEN

- ✓ Das Brückenlager sorgt für eine reibungslose Funktion, erhöht die Lebensdauer von Holzbrücken und macht die Brücke sicher.
- ✓ Die als Punkt- oder Streifenfundament errichteten Brückenlager sollten mindestens zwei, besser vier Tage vor dem Aufbau der Brücke erstellt werde.
- ✓ Bei schweren Brücken sollten Sie eine leichte Armierung in das Fundament einplanen.
- ✓ Wenn Brücken in Gelände mit Gefälle errichtet werden – zum Beispiel über einen Bachlauf – müssen die Fundamente exakt eingemessen werden. Schon kleinste Abweichungen lassen die Brücke schief liegen oder sogar wackeln
- ✓ Für das Fundament und die Aufbauten werden eine Wasserwaage, möglichst mit integriertem Laserpointer, und eine Richtlatte benötigt, damit lassen sich größere Strecken ermitteln.
- ✓ Ein weiteres, äußerst praktisches Hilfsmittel für den Aufbau von Steinbrücken: ein Wagenheber, mit dem sich Brückenteile anheben und einfach unterbauen lassen.

unverrückbar an ihrem Platz fest und macht sie sicher. Ein Brückenlager zu erstellen ist nicht schwer. Je nach Brückenart genügen vier frostsichere Punkt- oder zwei Streifenfundamente, die 3–6 cm aus dem Erdreich herausschauen. Die Brücke lässt sich einfacher errichten, wenn man beim Betonieren der Fundamente Befestigungselemente mit einbaut, an denen die Brückenenden fixiert werden. Bei flachen Brücken, deren Spannweite 3 m übersteigt, sollte in jedem Fall ein zusätzlicher Unterbau in Form eines Stützfundaments eingeplant werden (siehe Bau eines Stegs, Seite 84).

Steinbrücken

Steinbrücken kennen wir vor allem aus japanischen Gärten, sie machen sich aber auch gut als Weg über einen Bachlauf. Es gibt sie aus Naturstein, meist Granit, oder aus eingefärbtem Kunststein mit hohem Zementanteil. Wegen ihres enormen Gewichts bestehen sie meist aus mehreren Bauteilen, die vor Ort relativ einfach montiert werden können. Ähnlich wie bei den Holzkonstruktionen kommt es auch hier auf ein solide erstelltes Brückenlager an, auf dem die Endpunkte der Brücke später unverrückbar ruhen. Eine Steinbrücke braucht ein Streifenfundament. Es sollte 80 cm tief sein und aus einer Schotter- und Magerbetonschicht bestehen. Die Betonschicht muss nicht stärker als 30 cm sein. Wichtig ist, dass sie exakt dem Geländeverlauf angepasst wird, damit die Brücke später auch waagerecht aufliegt und nicht einseitig hängt. Für Steinbrücken reicht es

aus, das Brückenlager bodeneben auszurichten. Wie viel solche Brücken wiegen, macht die Tabelle auf Seite 90 deutlich.

Die meist gebogenen Brückenelemente haben in der Regel eine raue Oberfläche, auf der man auch bei Feuchtigkeit sicher gehen kann. Manche Brücken verfügen über einen erhabenen Rand mit einer etwas tiefer liegenden Gehfläche, das lässt sie graziler aussehen. Im Umfeld solcher Brücken werden gerne japanische Steinlaternen aufgestellt (siehe Seite 62).

Durch das Brückenlager entsteht zwangsläufig eine Stufe, die mit Steinplatten aus dem gleichen Material verkleidet werden kann. Schön ist es, wenn in die Zwischenräume der trocken verlegten Platten flach wachsende Polsterstauden wie Mastkraut (Sagina) oder Günsel (Ajuga) gepflanzt werden, die beide die Feuchtigkeit lieben. So lässt sich die Technik der Brückenlager ohne viel Aufwand verdecken. Die Wegeführung hin zur und weg von der Steinbrücke können Sie ebenfalls mit trocken verlegten Platten gestalten, deren Zwischenräume lassen sich mit andersfarbigen Quetschkiesen ausfüllen.

Neben der passgenauen Auflage auf dem Brückenkopf muss

Steinbrücken: Gewicht

Länge × Breite	Materialstärke	Gewicht
150 × 50 cm	8 cm	105 kg
180 × 70 cm	12 cm	400 kg
180 × 80 cm	15 cm (mit Geländer)	800 kg

die Brücke gegen ein horizontales Verrutschen gesichert werden. Bei Holzbrücken ist es sinnvoll, im Fundament Haltevorrichtungen mit einzubauen. Es reicht aus, die Brücke damit zu verschrauben. Eine andere Lösung ist, an den jeweiligen Enden der Brücke starke Moniereisen in den Boden einzuschlagen. Diese Methode hat sich bei Steinbrücken bewährt. Die Eisen sollten eine Mindestlänge von 60 cm und eine Stärke von 1,5 cm haben. Damit sie später unsichtbar sind, setzt man sie zum Beispiel in die Zwischenräume der Platten, die die Wegeführung bilden.

Seitliches Abrutschen kann man verhindern, indem mittelgroße Kiesel rechts und links vom Brückenlager eingebaut und in einem Bett aus Magerbeton befestigt werden. Von der Natur rund geschliffene Granitkiesel, wie auf Seite 70 abgebildet, eignen sich hierfür besonders gut. ∎

Sicherheitsaspekte für Brücken

∎ Brücken können Unfälle verursachen. Von baulichen Mängeln oder unzureichenden Qualitätsstandards einmal abgesehen, können sie Kindern gefährlich werden. Wenn sich kleinere Kinder im Haushalt befinden, müssen Sicherheitsvorkehrungen getroffen werden: Beispielsweise könnte ein kleines Tor den direkten Zugang zur Brücke verwehren.

Bei hölzernen Eigenkonstruktionen kommt es vor allem auf die Statik an. Brücken sind nur dann sicher und biegen sich nicht durch, wenn sie auf Stützfundamenten ruhen. Die Anzahl dieser Fundamente hängt sowohl von der Brückenlänge als auch von der Materialstärke des Balkenholzes ab. Wegen der Rutschgefahr bei Nässe sollte ausschließlich gerilltes Holz zum Einsatz kommen. Ferner gibt es Holzmaterial, dessen Oberfläche so bearbeitet wurde, dass es rau und rutschfest ist.

Längere und breitere Brücken sollten immer mit einem Geländer ausgerüstet sein. Wenn eine Brücke durch ein doppelseitiges Geländer zu klobig wirkt, kann gegebenenfalls auf eine Seite verzichtet werden. Auch Lichtquellen an einer Brücke tragen zu mehr Sicherheit bei. Achten Sie bei der Installation darauf, die Leuchten so einzubauen, dass sie nicht blenden. Außerdem sollten Sie Folgendes bei der Auswahl des Baumaterials beachten: Selbstgebaute Brücken werden meist aus Holz erstellt und alleine durch die Auswahl des richtigen Holzes können Sie entscheidend Einfluss auf die Sicherheit der Anlage nehmen. Wenn Ihre Brücke über einen längeren Zeitraum genutzt werden soll, kaufen Sie von vornherein eine entsprechende Holzqualität. Geriffelte Holzoberflächen sind dabei glatten immer vorzuziehen. Wenn sich Algenfilme bilden, sollten Sie diese immer gleich mit einer Bürste entfernen.

Bei der Verschraubung sollten nur nicht rostende Spezialschrauben eingesetzt werden. Billige Schrauben rosten innerhalb kürzester Zeit und machen die Brücke

▲ Die in den Holzplanken eingelassenen Bodenleuchten verbreiten ohne zu blenden ein angenehmes Licht und machen den Teich bzw. den Sitzplatz sicher.

unansehnlich. Außerdem tragen solche Schrauben nicht unbedingt zur Sicherheit bei. Wichtig ist sicherlich auch noch, dass die einzelnen Schraubenköpfe sorgsam im Holz versenkt werden. ∎

Ein Gartenteich ohne Beleuchtung wirkt in der Nacht wie ein schwarzes Loch. Wenn jedoch Leuchten installiert sind, kann er auch bei Dunkelheit wahrgenommen werden. Nicht nur im Sommer ist Licht am Teich ein Vergnügen, auch im Herbst und besonders im Winter lassen sich damit reizvolle Effekte erzielen. ◼

LEUCHTMITTELKUNDE

◼ Wasser und Strom sind eine brisante Mischung. Der Gesetzgeber hat deshalb schon vor Jahren festgelegt, dass Beleuchtungsanlagen im Wasser und in Wassernähe aus Sicherheitsgründen nur mit Niedervoltanlagen von 12–24 Volt betrieben werden dürfen. Zwei ganz unterschiedlich funktionierende Leuchtmittel kommen infrage:
✓ Niedervolt-Halogenstrahler, deren Helligkeit von der Wattzahl abhängig ist;
✓ LED-Technik, die mittelfristig alle anderen Leuchtmittel ablösen wird, weil sie viele Vorteile aufweist (siehe Tabelle auf Seite 98).
Als Teich- oder Teichrandbeleuchtung müssen beide Leuchtmitteltypen in wasserdichten Gehäusen untergebracht sein, die sich je nach Modell durch Schraubdeckel mit Gummidichtung oder Schrauben öffnen lassen. ◼

Beleuchtung sinnvoll einsetzen

Eine Teichbeleuchtung hat mehrere Vorteile:
◼ Sachgerecht eingebaut, trägt Licht zur Sicherheit am Gartenteich bei.
◼ Durch Licht lassen sich Garten und Teichbereich in den Abendstunden länger nutzen.

Es gibt zahlreiche Möglichkeiten, einen Teich mit Licht in Szene zu setzen. Der Handel bietet unzählige verbrauchsarme und leicht zu montierende Leuchtkörper an.

▲ Licht am Teich zaubert bei Dunkelheit eine ganz besondere Atmosphäre. Dank Niedervolt-Technik sind verschiedene Beleuchtungsvarianten sicher und leicht zu installieren.

Grundsätzlich gilt: Weniger ist mehr. Zu viele Leuchten zerstören schnell den Zauber. Um unterschiedliche Lichtquellen gezielt wirken zu lassen, ist der Einbau getrennter Stromversorgungsleitungen, die über Schaltanlagen gesteuert werden, eine interessante Lösung. ◼

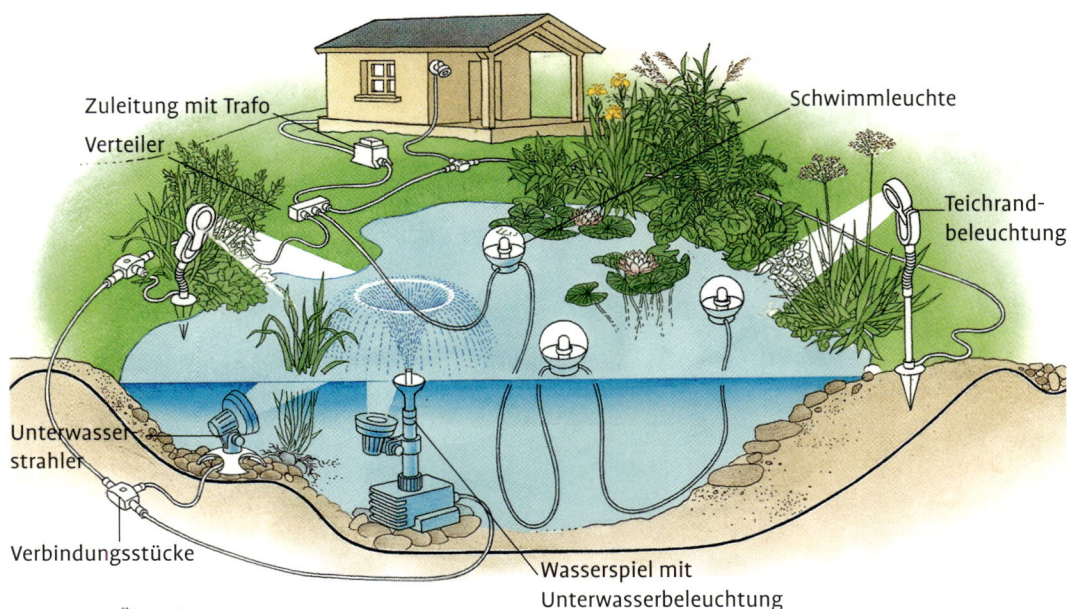

Zuleitung mit Trafo

Verteiler

Schwimmleuchte

Teichrand-
beleuchtung

Unterwasser-
strahler

Verbindungsstücke

Wasserspiel mit
Unterwasserbeleuchtung

▲ Hier ein Überblick, welche unterschiedlichen Möglichkeiten zur Teichbeleuchtung es generell gibt. Man sollte sich aber immer auf einzelne Bereiche konzentrieren.

Interessante Teichrandbeleuchtung

▼ Die Pollerleuchten spiegeln sich wunderschön im Wasser.

■ Eine Randbeleuchtung ist eine schöne Lösung, um einen Teich und dessen Umfeld ins richtige Licht zu setzen. Es gibt die unterschiedlichsten Modelle aus

Kunststoff bis hin zu edlem Metall. Alle sind mit Standfüßen beziehungsweise einem Stecksystem für eine sichere Befestigung ausgestattet. Meist sind die Lampen mit einem Gelenkkopf zur Justierung des Lichtkegels versehen. Auch andere Lampentypen wie Poller-, Schirm- oder Kugelstrahler sowie Bodenstrahler, die direkt in die Gehwege eingebaut werden, sind gebräuchlich. Am Fuß befindet sich ein mit der Lampe fest vergossenes Kabel mit einem zweipoligen Anschluss mit Schraubgewinde, das auf die auf dem Zuleitungskabel eingepassten Verteiler passt. Erst wenn Anschluss und Verteiler zusammengesteckt und miteinander verschraubt sind, ist die Anlage gegen Feuchtigkeit geschützt. Die Zuleitungskabel sind 10 oder 15 m

◀ Mehrere Möglichkeiten, einen Garten einschließlich Teichanlage zu illuminieren.

lang, sie und auch die Lampenkabel können, ohne Schaden zu nehmen, im Boden verlegt werden. Damit die eingegrabenen Kabel bei Gartenarbeiten nicht beschädigt werden, sollte man ihre Lage markieren oder auf einem kleinen Plan fixieren.

Für die Installation der Beleuchtungskörper gibt es Verteileranschlüsse mit einer Buchse, deren Schrauben sich öffnen lassen. Sobald das Zuleitungskabel eingelegt und der Verteiler wieder verschlossen wird, drücken sich zwei Dorne in das Kabel – damit ist die Stromversorgung hergestellt. Sie erfolgt über einen kleinen Transformator, dessen Wattstärke – 21 oder 60 Watt – von der Kabellänge und Anzahl der angeschlossenen Lampen abhängt. Weil LED-Leuchtmittel nur wenige

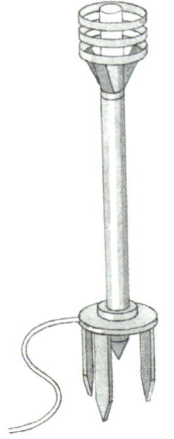

▲ Standleuchte mit Stecksystem

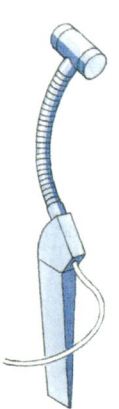

▲ Verstellbare Leuchte mit Stecksystem

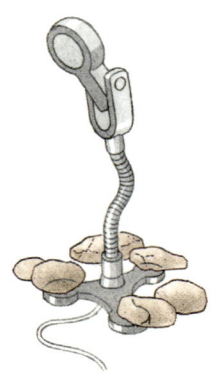

▲ Verstellbare Standleuchte

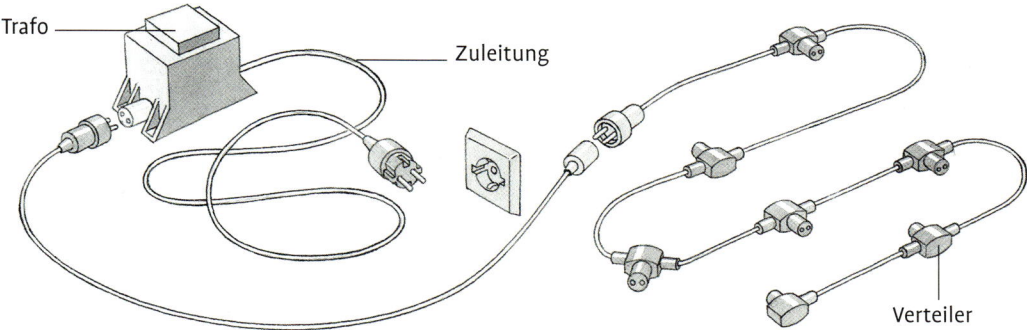

Trafo — Zuleitung

Verteiler

▲ Die Niedervoltanlage kann mit oberirdisch verlaufenden Kabeln verlegt werden. Man beachte die Abzweige und Verbindungsstücke.

Watt verbrauchen, können an einem 15 m langen Zuleitungskabel mehrere Lampen gleichzeitig betrieben werden. Um die benötigte Transformatorleistung zu ermitteln, ist die Wattzahl der einzelnen Lampen zu addieren. Die Summe sollte deutlich weniger betragen als die Wattzahl des Transformators.

Der Transformator ist wasserdicht in einem Kunststoffgehäuse vergossen. Auf der einen Seite

DER PASSENDE TRANSFORMATOR

▨ (siehe auch Zeichnung auf Seite 94)

2 × 0,3 Watt	=	0,6 Watt
5 × 0,3 Watt	=	1,5 Watt
1 × 1,0 Watt	=	1,0 Watt
1 × 1,2 Watt	=	1,2 Watt
1 × 20 Watt	=	20,0 Watt
1 × 20 Watt	=	20,0 Watt
2 × 1,0 Watt	=	2,0 Watt
Summe	=	46,3 Watt

Für das Beispiel benötigt man:

✓ einen Transformator mit einer Maximalleistung von 60 Watt für 46,3 Watt Lampenleistung

✓ ein 15 m langes Zuleitungskabel

✓ 13 Verteiler-Anschlüsse. ▨

▲ Strahler mit Stecksystem

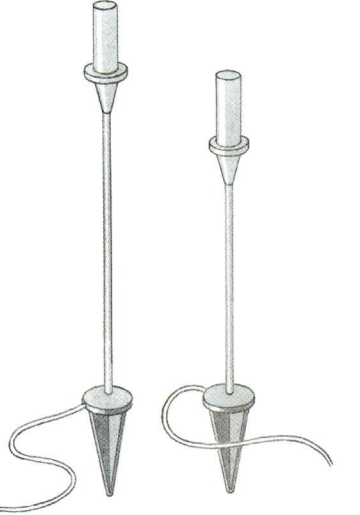

▲ Stableuchten mit Stecksystem

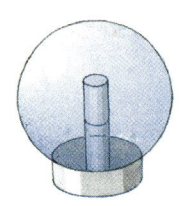

▲ Schwimm-Kugelleuchte

hat er ein normales, meist kurzes Stromkabel für den Netzanschluss, auf der anderen befindet sich der verschraubbare Zuleitungsanschluss. Da der Transformator nicht immer geschützt auf einer Terrasse untergebracht werden kann, ist die Installation einer schutzschalterabgesicherten Gartensteckdose empfehlenswert.

Mit Verlängerungskabeln können zusätzliche Lampen in größerer Entfernung aufgestellt werden. Sollen mehrere Beleuchtungskörper gleichen Typs auf kleinem Raum installiert werden, bieten sich ein Dreiwegeverteiler und eine Zeitschaltuhr an. Mit den Kabeln von Garten- und Teichlampen, muss trotz Niedervolt-Technik sorgsam umgegangen werden. Mit Mulch oder Erde abdeckt, sollte man dennoch immer wissen, wo sie verlaufen. ■

▼ **Unterwasserleuchten, deren Lichtkegel aus dem Wasser strahlt, verbreiten ein ganz besonderes Licht.**

Romantisches Unterwasserlicht

■ Eine ganz eigene Atmosphäre verbreitet von unten beleuchtetes Wasser. Dafür braucht man relativ kleine Beleuchtungskörper, die schwenkbar und absolut wasserdicht sind. Man erhält sie einzeln oder als mehrere, in Serie schaltbare Leuchtmittel. Betrieben werden Unterwasserlampen mit Halogenstrahlern von 35, 50 oder 75 Watt. Unterwasserlampen mit Wattzahlen unter 50 Watt können auch außerhalb des Wassers betrieben werden. Alle Strahler ab 50 Watt sollten wegen Überhitzungsgefahr jedoch unter Wasser betrieben werden. Auch für den Unterwasserbereich gewinnt die LED-Beleuchtung zunehmend an Bedeutung.

Unterwasserlampen werden ebenfalls ausschließlich mit Niedervoltstrom betrieben. Die Transformatoren sind so gut isoliert, dass sie direkt im Teich eingebracht werden können. Die Anschlüsse werden gesteckt und zusätzlich mit Schrauben gesichert, sodass sich die Verbindung unter Wasser nicht lösen kann. Die Leuchtkraft der Lampen erlaubt eine Installationstiefe von maximal 50 cm, noch tiefer dürfen sie nicht eingebaut werden. Orientieren Sie sich an der Wattzahl des Leuchtmittels und an der Menge der Schwebstoffe im Wasser, die das Teichwasser eintrüben, sowie am Pflanzenbewuchs.

Weil sich mit der Zeit auf den Lampen ein Algenbelag bildet, sind sie so zu installieren, dass man jederzeit herankommt, um sie zu reinigen.

Achten Sie beim Einbau der Lampen auf einen festen Halt, damit die von Pumpen ausgehende Strömung oder auch Fische den Leuchtkörpern nichts anhaben können.

Kabel und Transformator werden mit einer dünnen Kiesschicht abgedeckt, damit man diese Technik im Wasser nicht sieht. Das Abdecken der im Wasser liegenden Kabel hat noch einen weiteren Vorteil. Unter der Kiesschicht siedelt sich auf der Oberfläche der Kabel keine hässliche, glitschige Algenschicht an, die nur schwer wieder zu entfernen ist. Den recht hartnäckigen Belag kann man sonst nur mit einem Putzlappen in mühevoller Arbeit außerhalb des Teiches abreiben. ■

Schwimmleuchten

■ Kugelförmige Schwimmleuchten aus Glas oder Kunststoff sind sehr beliebt. Meistens werden sie als Dreierset mit unterschiedlichen Durchmessern angeboten. Weil ein vergossenes Verteilerstück sie miteinander verbindet, leuchten alle drei Elemente gleichzeitig. Auch diese Lampen sollten immer über eine Zeitschaltuhr gesteuert werden.

Schwimmleuchten haben an der Unterseite einen Schraubverschluss, in dem sich das Kabel befindet. Auf der dem Wasser zugewandten Seite entsteht rasch ein unschöner Algenbelag. Deshalb müssen die Lampen regelmäßig aus dem Wasser geholt und mit der rauen Seite eines Küchenschwamms gereinigt werden. Nicht ganz einfach dürfte das „Einfangen" der Elemente sein. Um den Vorgang zu vereinfachen, befestigen Sie schon bei der Installation eine Schnur an der Lampe, die Sie am Teichrand verstecken und mit der Sie die Kugeln leicht einholen können. Schwimmkugeln sollten in der Garage oder im Keller überwintern, weil die Eisschicht auf dem Teich sie beschädigen könnte. ■

> **PRAXISTIPP**
>
> ■ Der Wind treibt die Kugeln auf dem Wasser umher, dabei können sie zusammenstoßen. Dies sollte man bedenken, wenn man sich für Schwimmleuchten aus Glas entscheidet; Kunststoff ist zweifellos nicht so empfindlich. Das Problem lässt sich jedoch recht einfach lösen, indem man jede Schwimmkugel separat mit einem kleinen Gewicht fixiert. Das geht relativ einfach, indem man einen Stein mit entsprechend langem Draht unter der Lampe befestigt. Der Teil der Schwimmleuchte, der auf dem Wasser aufliegt, veralgt leider auch schnell und muss regelmäßig gereinigt werden. ■

Wasserspiel-Licht-Kombinationen

■ Mit der LED-Technik lassen sich Wasserspiele und Licht kombinieren. Weil sie klein sind, können die Leuchtkörper mit dem Wasserspiel zusammen montiert werden. Erst wenn das System in Betrieb genommen wird, kann man sie sehen. Herkömmliche Modelle wie Kaskade, Wasserglocke und Schaumdüse bieten sich an: Am unteren Ende der Düse wird ein Ring mit LED-Leuchtkörpern angebracht. Moderne Geräte sind zusätzlich mit einem Sensor ausgestattet, der mit einem Erdspieß am Teichrand im Boden fixiert wird und die Lämpchen bei einsetzender Dämmerung einschaltet.

Standard ist weißes LED-Licht, doch stehen auch Farbwechselspiele zur Verfügung. Nach einem programmgesteuerten Zufallsprinzip leuchten die Wasserspiele in den unterschiedlichsten Farben. Etwas schlichter und dennoch effektvoll sind Leuchtringe mit LED-Technik, die in die Kronbohrung eines Quellsteins eingepasst werden und den austretenden Wasserstrahl anstrahlen. Computergestützte Wasserspielanlagen für Technikbegeisterte schicken Wasser wie einen Strahl über den Teich. Die Anzahl, die Wurfweite und natürlich auch die Farbe ändern sich dabei ständig. Die Installation der Anlage ist einfach:

▲ Überraschungseffekte erzielen Sie mit einer Schaumdüse, die mit einer LED-Lichtanlage gekoppelt ist.

Sie muss lediglich im Flachwasserbereich aufgestellt und mit einem Stromanschluss versehen werden. Wer ein solches Gerät zu technisch findet, kann sich für ein Modell in Steinoptik entscheiden.

Neben den beleuchteten Wasserspielen gibt es auch schwimmende Varianten mit Licht. Diese Schwimmkörper sind aus Kunststoff, haben mehrere Düsen und sehen aus wie ein Seerosenblatt, darunter verbirgt sich die Technik aus integrierter Pumpe und einem Farbwechselspiel. Die Anlage spritzt etwa 60 cm hoch, dabei muss wie bei allen Wasserspielen der Abstand zum Teichrand berücksichtigt werden. Als Faustregel gilt: Die Spritzhöhe eines Wasserspiels darf nur halb so hoch sein wie die Strecke zum Teichrand lang ist. Wenn sie kürzer ist, kann durch Wind viel Wasser aus dem Teich gedrückt werden. ■

▼ **Dank LED-Technik leuchtet diese Kugel mit integriertem Wasserspiel nach dem Zufallsprinzip verschiedenfarbig.**

Wasserfallbeleuchtung

■ Die Möglichkeiten, einen Wasserfall bei Dunkelheit zu beleuchten, sind so vielgestaltig wie die Konstruktion des Wasserfalls selbst. Die Lichtquelle muss der Größe des Wasserfalls und vor allem der Fallhöhe angepasst sein. Auf farbige Lichteffekte ist zu verzichten, weil sie ein verzerrtes Bild der Anlage wiedergeben. Ein weiches, weißes Licht hingegen taucht die Wassermassen in einen silbrigen bis mattgoldenen Schein und verfälscht auch das Umfeld nicht. Als Leuchtmittel sind alle genannten Lampentypen geeignet, darüber hinaus gibt es flache Metalllampen mit 100-Watt-Halogenstrahlern. Starke Unterwasserscheinwerfer, die in einer Reihe unter der Wasseroberfläche eingebaut sind und ihr Licht von unten beziehungsweise seitlich auf das Wasser leiten, sind besonders schön. Wie bei allen Lichtinstallationen muss erst probiert und dann, wenn es gefällt, fixiert werden. Bei hellem Licht sollte man darauf achten, dass die Lampen nach dem Einbau den Betrachter nicht blenden sondern nur angenehme Lichtakzente setzen.

Teichfiguren mit Licht

Beleuchtete Teichfiguren gibt es zwar, aber sie spielen nur eine untergeordnete Rolle. Oft sind es mit LED-Lichttechnik auf Eisfreihaltern montierte Tierfiguren. So wird das Schöne mit dem Nützlichen verbunden: Der Eisfreihalter sorgt im Winter für eine offene Stelle im zugefrorenen Teich und die leuchtende Figur setzt in der Winterzeit freundliche Akzente. Die figürlichen Eisfreihalter mit Beleuchtung haben neben ihrem dekorativen Aspekt auch noch weiteren Nutzen. Zum einen erkennt der Teichbesitzer sofort am brennenden Licht, ob das Gerät angeschaltet und in Funktion ist. Zum anderen sind diese Eisfreihalter meist parallel mit einem Teichbelüfter ausgestattet, der das Wasser mit Sauerstoff versorgt. ■

DIE VORTEILE VON LED-LEUCHTMITTELN

■ ✓ Kleines Leuchtmittel = effiziente Steuerung des Lichtstrahls
  ✓ Extrem lange Lebensdauer = geringer Wartungsbedarf
  ✓ Geringe Abnahme der Lichtleistung = hohe Lichtleistung während der Lebensdauer
  ✓ Keine Infrarot-Strahlung = keine Wärmeabgabe
  ✓ Keine UV-Strahlung = keine Farbveränderung bei angestrahlten Objekten
  ✓ Sofortiger Neustart = sicherer Betrieb jederzeit, auch beim Blinken
  ✓ Alle Farben möglich = Filterung kann entfallen
  ✓ Dimmbarkeit (0 – 100 %) = äußerst flexible Einstellung
  ✓ Hohe Stoßfestigkeit = problemloser Einsatz
  ✓ Kein Flackern = keine Augenermüdung
  ✓ Kein Betriebsgeräusch = in jeder Umgebung einsetzbar ■

Sicherheit durch Licht am Weg

■ Für die Wegeführung zum Teich oder um ihn herum gibt es flache, bausteinähnliche Lichtkörper, die sich in jeden Belag einfügen lassen. Diese Lichtkörper verblüffen nicht nur durch ihren Effekt, sondern verfügen auch über ein großes Sicherheitspotenzial. Die eingebauten Lichtkörper sind so stabil, dass sie sogar mit einem Auto befahren werden können. Als kleine Lichtquelle an Brückenköpfen und Terrassenstufen, an Wegen über den Teich oder schlicht als Wegeführung durch den Garten sind sie nicht nur schön, sondern auch hilfreich. Wenn das Verlegen der Kabel zu aufwendig ist, kann man auf Solartechnik zurückgreifen. Auf Wunsch erhält man die Lichtsteine mit verschiedenen Farbschablonen. Darüber hinaus gibt es – wie schon bei der Teichaußenbeleuchtung beschrieben – eine Vielzahl an Modellen mit Erdspieß oder auch fest montierte

▲ Diese, von Künstlerhand geschaffene Leuchte, ist eine Zierde in jedem Garten. Verwendet wurde Sandstein mit Eiseneinlagerungen.

WORAN BEI LICHT AM TEICH ZU DENKEN IST

■ ✓ Im Außenbereich, vor allem in Wassernähe ausschließlich Anlagen mit Niedervoltspannung und vorgeschaltetem Transformator betreiben. Noch sicherer sind Solaranlagen.

✓ Alle Strahler und Lampengehäuse müssen spritzwassergeschützt sein, damit es nicht zu Kurzschlüssen kommt.

✓ Niedrige oder direkt im Boden eingelassene Lampen blenden nicht und geben Schutz und Sicherheit.

✓ An Wegen sollte nicht mit der Anzahl der Lampen gespart werden, damit keine unsicheren Dunkelzonen entstehen.

✓ Um Treppenstufen, Brückenlager, Beetbegrenzungen, Teichränder und andere markante Gartenbereiche zu markieren, sind Lampen für den Boden- oder Wegeeinbau optimal.

✓ Ein gelegentlicher Rückschnitt der Pflanzen lässt die installierten Leuchten besser zur Geltung kommen.

✓ Mit Zeitschaltuhren, Sensoren oder Bewegungsmeldern erleichtert man sich den Betrieb der Lichtanlagen erheblich.

✓ Kabellängen für Niedervolt- sowie Zuleitungen aus dem Netzstrom so kurz wie möglich halten.

✓ Im Boden eingelassene Kabel immer deutlich markieren.

✓ Die Verschraubungen an Niedervoltlampen und Kabelverbindungen regelmäßig auf festen Sitz kontrollieren, denn sobald Feuchtigkeit eindringt, funktioniert die Anlage nicht.

✓ Bei großen Entfernungen lohnt sich der Einbau eines Erdkabels mit stationären Verteilerstellen durch einen Elektriker.

✓ Die 220-Volt-Hauptzuleitung am Transformatoreingang beziehungsweise dessen Zugangsleitung oder eine Gartensteckdose müssen unbedingt über einen separaten Fi-Schalter (Fehlerstrom-Schutzschalter) im Haus abgesichert sein. ■

Stelen, Poller oder Sockelleuchten, die ohne zu blenden in Wegenähe aufgestellt werden können. Sie haben die freie Wahl!

Sicherheit mit Strom am Teich

Unterschätzen Sie nicht, wie gefährlich Strom in Verbindung mit Wasser sein kann! Die Niedervoltspannung ist unbedenklich, eine Gefahrenquelle ist lediglich die 220-Volt-Zuleitung. Auch die Stromkabel und die in Kunststoff vergossenen Transformatoren sind absolut sicher, vorausgesetzt es wurden keine Manipulationen vorgenommen. Quer durch den Garten gelegte Verlängerungskabel können gefährlich werden, weil durch Steckverbindungen, die im Rasen liegen, Kriechstrom entstehen kann.

Sind Verlängerungen nötig, sollte man den Einbau von Gartensteckdosen in Erwägung ziehen. Es gibt Modelle, die für die Stromversorgung am Teich ideal sind, zum

▶ **Die Leuchte blendet nicht und verbreitet eine ganz eigene Atmosphäre.**

Beispiel Geräte mit vier Steckdosen. Eine wird unter Dauerstrom betrieben, zwei Steckdosen können per Fernbedienung ein- und ausgeschaltet werden, die vierte ist dimmbar. Die Gartensteckdose hat einen Erdspieß und eine Abdeckhaube, die auch in Steindekor erhältlich ist. ■

Pflege und Wartungsarbeiten

■ Die Pflege der Beleuchtungsanlage im und am Teich ist nicht aufwendig. Sie beschränkt sich auf die regelmäßige Kontrolle der Leuchtmittel und gegebenenfalls deren Austausch. Bei allen anfallenden Wartungsarbeiten muss – auch bei Niedervoltanlagen – der Stromkreis unterbrochen werden, das heißt: Stecker ziehen!

Der auf den Lampen und deren Verblendungen entstehende Algenfilm muss regelmäßig mit einem Schwamm oder Lappen entfernt werden, damit das Licht nicht immer dumpfer wird.

Leichte Beleuchtungskörper mit Erdspießen oder einfachen Standfüßen neigen dazu, ihre Position

zu verändern oder umzufallen; Vögel oder nachtaktives Kleingetier trägt dazu bei. Es sieht hässlich aus, wenn im Wasser lose auf dem Boden verlegte Kabel zu sehen sind. Deshalb sollten diese Verbindungen immer wieder kontrolliert und gegebenenfalls mit Rindenmulch, Erde oder Kies abgedeckt werden. ■

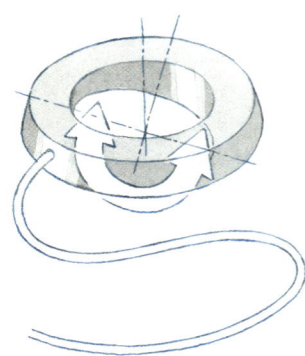

▲ Schwimmleuchte mit schwenkbarem Leuchtkörper.

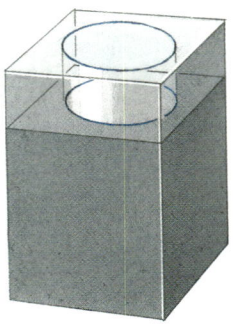

▲ Standleuchten passen sehr schön an die Terrasse am Teich.

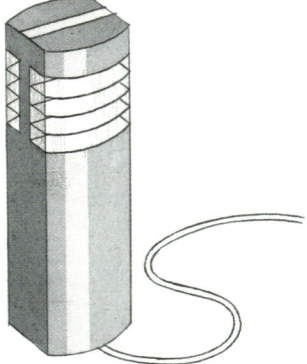

▲ Pollerleuchten haben Lamellen für einen variablen Lichtkegel.

Pflanzen und natürliches Dekor

Eine Wasseranlage – sei es Teich, Bachlauf oder Wasserfall – kommt erst mit einer fachgerechten Randgestaltung und den passenden Pflanzen im und am Teich richtig zur Geltung. Außerdem sorgen diese für ein natürliches Erscheinungsbild, für eine ausgewogene Teichbiologie und den Sauerstoffeintrag. Neben Pflanzen tragen auch andere Dekomaterialien aus der Natur zu einem naturnahen „Look" bei. Hierfür gibt es unzählige Möglichkeiten. ■

▼ Dieser Teich kommt weitgehend ohne Technik aus. Die üppige Bepflanzung hält das biologische Gleichgewicht ohne größere Eingriffe von selbst aufrecht. Passend ist das schön gestaltete Umfeld der Anlage.

Die Teichrandgestaltung

■ Die Gestaltung des Teichrands kommt oft viel zu kurz, weil man sich zu sehr auf den Teich konzentriert. Meist wird der Aushub schon bei Baubeginn abgefahren und der Teich wirkt wie eine große, mit Wasser gefüllte Schüssel, die in den Rasen eingelassen wurde. Dieses langweilige Bild lässt sich zwar mit diversen Pflanzen etwas verändern, doch eine strukturelle Veränderung der Geländebeschaffenheit ist damit nicht möglich. Dafür muss Erde wieder eingebracht werden. Also wohl dem, der vor Baubeginn nicht alles hat abfahren lassen.

Für eine Aufschüttung sind folgende Vorbereitungen zu treffen:
■ Dort, wo die Aufschüttung erfolgen soll, ist der Rasen zu entfernen;
■ Die Aufschüttung muss mit einer kleinen Trockenmauer abgestützt werden, weil sonst beim ersten Regen die Erde in den Teich geschwemmt wird.

Vor diesem Mäuerchen kann man einen kleinen Weg oder Trittplatten einplanen. Die erste Aufschüttung findet im hinteren Bereich des Teiches statt und sollte fließend gestaltet sein, sich dem

Umfeld anpassen und nicht wie ein Fremdkörper im Garten wirken. Schön ist es, wenn sie sanft ausläuft, und auf jeden Fall muss sie zur Größe des Teiches passen. Die Erhebung kann nun mit Stauden, Gräsern und Kleingehölzen bepflanzt werden.

Nachdem der Hintergrund neu geformt wurde, lassen sich weitere Freiflächen im Teichrandbereich mit Pflanzbeeten gestalten. Zahlreiche mehrjährige Stauden in unterschiedlichsten Wuchshöhen stehen zur Verfügung. Durch eine geschickte Planung kann man sich auf diese Weise ein kleines Paradies schaffen, in dem zu jeder Jahreszeit etwas blüht. ■

Einen Wasserfall kaschieren

■ Die seitliche Begrenzung eines Wasserfalls, der in Gelände mit Gefälle errichtet wurde, ergibt sich von selbst. Farne, Gräser und flach wachsende Staudenarten in kleinen Beeten nahe an den Wasserfallstufen sind ideal. Damit lassen sich auch Fundamentkanten und andere, durch den Bau entstandene Geländeveränderungen verdecken. Ein Wasserfall am Teich wirkt ohne Bepflanzung wie hingestellt. Mit Hilfe

◀ **Der Japanische Ahorn passt sehr gut an den Wasserfall. Selbst im Winter, wenn er das Laub abwirft, wirken die bizarren Ästen noch sehr dekorativ.**

von Pflanzen kann die unschöne Situation verändert werden. Hier eignen sich immergrüne Pflanzen, denn sie decken das Bauwerk ganzjährig ab. Ideal sind alle nicht rhizombildenden Arten von Bambus, Sorten vom Kirschlorbeer, die Glanzmispel oder auch Ilex-Arten. Bei einem freistehenden Wasserfall legt man vor den Stufen kleinere Beete mit Stauden und Kleingehölzen an, sie fügen sich dezent in die Teichrandbepflanzung ein. Besonders gut eignen sich Stauden wie der Frauenmantel oder unterschiedliche Gräser. Es gibt eine ganze Reihe Gräser, die im Winter nicht einziehen und die Anlage dauerhaft lebendig halten. ■

Bepflanzung von Bachläufen

■ Wenn es um die Bepflanzung von Bachläufen geht, wird zwischen der Gestaltung des Bachbetts und des trockenen Randbereichs unterschieden. Ein nahtloser Übergang, wie er in der Natur vorkommt, führt zu Wasserverlust, deshalb ist davon abzuraten. Flach wachsende Stauden eignen sich gut für Pflanzungen am Bachlaufrand. Doch nicht jede Bodendeckerstaude fühlt sich an diesem Standort wohl, weil er durch Spritzwasser aus dem Bach oft einen feuchteren Boden hat als andere Gartenbereiche.

Für das Bachbett selbst eignet sich eine ganze Reihe niedriger Sumpf- und Wasserpflanzen. Sie sollten vorrangig in Ruhezonen ohne Wasserbewegung ihren Platz finden. Dafür wird eine kleine Mulde aus feinem Kies geformt, in die der Pflanzballen der Sumpfpflanze

eingesetzt wird. Mehrere, bis zu faustgroße runde Steine, die man um die Pflanze legt, geben ihr Halt. Da Einzelpflanzen eher kümmerlich wirken, sollte man mindestens in Dreiergruppen pflanzen.

Für die Randgestaltung bietet sich eine Fülle von bodendeckenden und auch höheren Stauden an. Nehmen Sie direkt am Rand flach wachsende Arten. Je weiter Sie sich vom Bachrand entfernen, desto höher können die Pflanzen werden. Achten Sie nicht nur auf die farbliche Zusammenstellung, sondern auch auf die unterschiedlichen Blütezeiten. Aus diesem Grund ist hier Vielfalt gefragt. Je einseitiger die Bepflanzung ist, desto kürzer ist auch die Blütezeit. Nach und nach verwachsen die einzelnen Pflanzengruppen zu einem bunten Blütenteppich. ■

▲ *Lysimachia nummularia* (Pfennigkraut) ist eine sehr schöne Pflanze für die Ufergestaltung.

▲ *Myosotis scorpioides* (Sumpf-Vergissmeinnicht) ist eine besonders frühblühende Sumpfpflanze für den Bachlauf.

▼ So könnte der Querschnitt eines Bachlaufs mit der Randgestaltung aussehen. An die eingezeichnete Kapillarsperre sollte man unbedingt denken.

Kapillarsperre

Folie

Sandschicht

Veronica beccabunga
Bachbungen-Ehrenpreis

Myosotis palustris
Sumpf-Vergissmeinicht

Bistorta officinalis
Wiesenknöterich

Butomus umbellatus
Blumenbinse

Eleocharis palustris
Gewöhnliche Sumpfsimse

Caltha palustris
Sumpf-Dotterblume

Calla palustris
Schlangenwurz

Sumpf- und Wasserpflanzen für ein Bachbett

wissenschaftlicher Name	deutscher Name	Wuchs-höhe in cm
Baldellia ranunculoides	Igelschlauch	10 – 20
Bistorta officinalis	Wiesenknöterich	30 – 60
Calla palustris	Schlangenwurz, Sumpf-kalla	20
Caltha palustris	Sumpfdotterblume	20
Caltha palustris 'Multiplex'	Sumpfdotterblume, gefüllt	20 – 30
Eleocharis palustris	Gewöhnliche Sumpfsimse	20 – 30
Lysimachia nummularia	Pfennigkraut	20
Myosotis palustris	Sumpf-Vergissmeinnicht	30
Nasturtium officinale	Echte Brunnenkresse	20 – 30
Primula bulleyana	Etagen-Primel	20 – 30
Primula rosea	Rosen-Primel	10 – 15
Trollius pumilus	Zwerg-Trollblume	20 – 25
Veronica beccabunga	Bachbungen-Ehrenpreis	20 – 30
Viola palustris	Sumpf-Veilchen	10 – 15

Primula rosea
Rosen-Primel

Dactylorhiza maculata
Gefleckte Fingerwurz

Einlauf in den Teich

▶ Ein schön gestalteter Bachlaufrand besteht aus einer Bepflanzung, die direkt im Bachbett steht, also feuchte bis nasse Standortbedingungen verträgt, und einer Bepflanzung, die außerhalb liegt. Die Pflanzen außerhalb müssen andauernde Feuchtigkeit ebenfalls aushalten, da sie permanent Spritzwasser ausgesetzt sind.

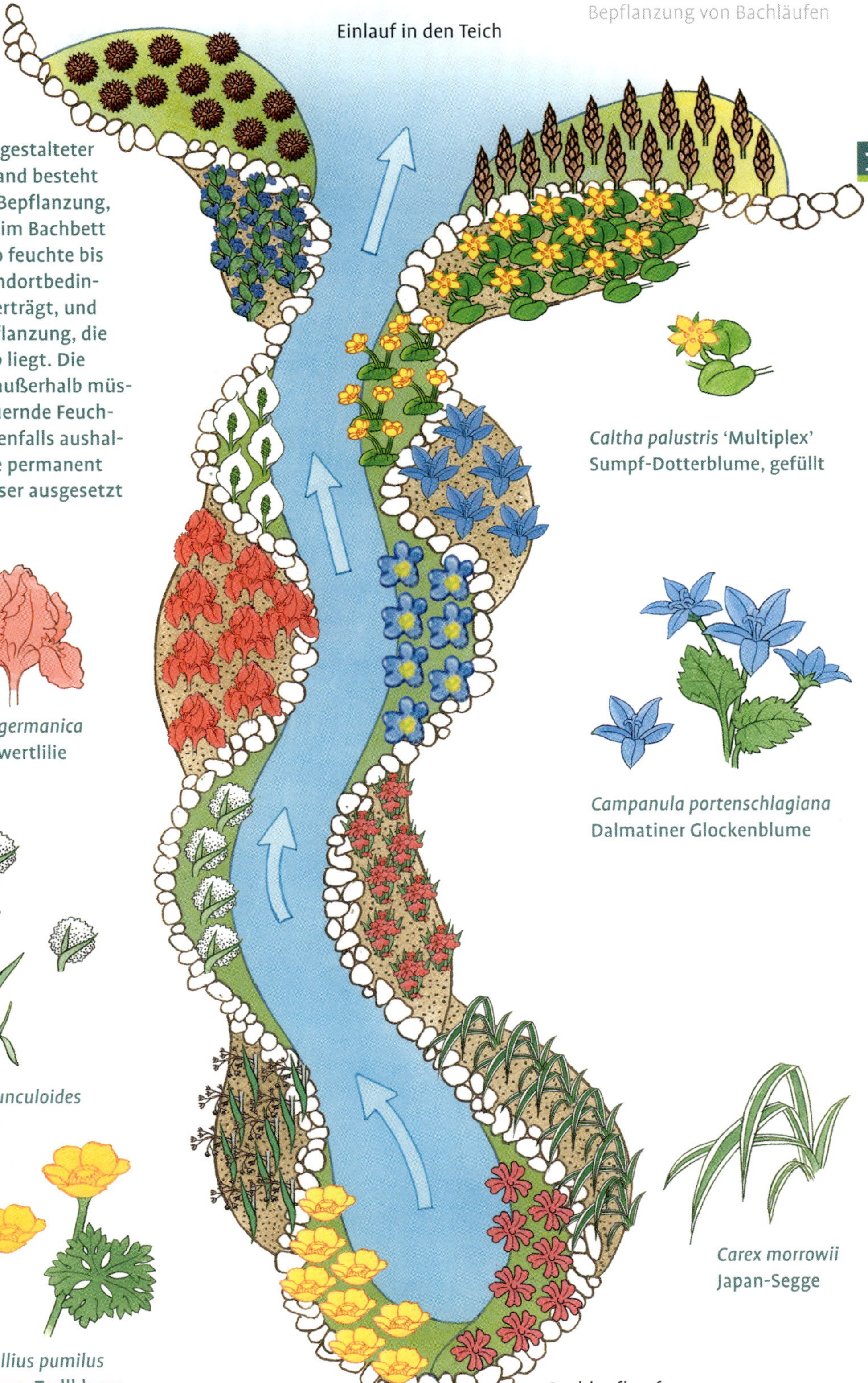

Caltha palustris 'Multiplex'
Sumpf-Dotterblume, gefüllt

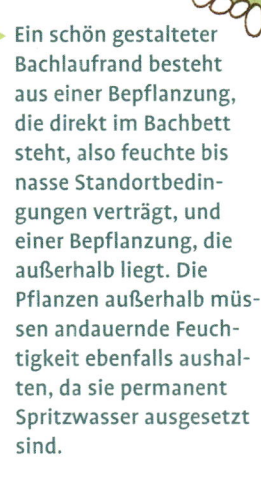

Iris germanica
Schwertlilie

Campanula portenschlagiana
Dalmatiner Glockenblume

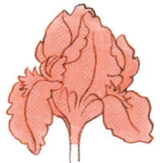

Baldellia ranunculoides
Igelschlauch

Carex morrowii
Japan-Segge

Trollius pumilus
Zwerg-Trollblume

Bachlaufkopf

106 | Seltene Sumpf- und Wasserpflanzen

wissenschaftlicher Name	deutscher Name	Wuchshöhe in cm
Apium repens	Kriechender Sellerie	10 – 15
Caltha palustris 'Alba'	Sumpfdotterblume, weiß	20 – 30
Cotula coronopifolia	Wasserknopf	20 – 30
Dactylorhiza incarnata	Fleischfarbiges Knabenkraut	30 – 60
Dactylorhiza maculata	Geflecktes Knabenkraut	30 – 60
Dactylorhiza majalis	Sumpf-Knabenkraut	30 – 60
Drosera intermedia	Mittlerer Sonnentau	10 – 15
Dryopteris thelypteris	Sumpffarn; Wurmfarn	50 – 70
Epipactis palustris	Sumpf-Ständelwurz	15 – 30
Eriophorum angustifolium	Schmalblättriges Wollgras	30 – 50
Eupatorium perfoliatum	Durchwachsener Wasserdost	50 – 150
Fritillaria meleagris	Gewöhnliche Schachblume	20 – 40
Geranium palustre	Sumpf-Storchschnabel	20 – 75
Gladiolus palustris	Sumpf-Gladiole, Sumpf-Siegwurz	30 – 60
Gratiola officinalis	Gnadenkraut	30 – 40
Iris ensata	Japanische Sumpf-Schwertlilie	80 – 100
Iris laevigata	Asiatische Sumpf-Schwertlilie	60 – 90
Iris sibirica	Sibirische Sumpf-Schwertlilie	60 – 80
Iris tectorum	Dach-Schwertlilie	60 – 80
Osmunda regalis	Königsfarn	80 – 150
Parnassia palustris	Sumpfherzblatt	10 – 30
Petasites hybridus	Gewöhnliche Pestwurz	80 – 100
Pontederia cordata 'Alba'	Herzförmiges Hechtkraut, weiß	50 – 80
Pontederia lanceolata	Lanzettblättriges Hechtkraut	50 – 120
Sagittaria japonica 'Flore Plena'	Pfeilkraut, gefüllt	50 – 70
Saururus cernuus	Amerikanischer Molchschwanz	40 – 60
Schizostylis coccinea	Spaltgriffel, Kaffernlilie	40 – 50
Schizostylis coccinea 'Alba'	Kaffernlilie, weiß	40 – 50
Scutellaria galericulata	Sumpf-Helmkraut	20 – 40
Sparganium natans	Zwerg-Igelkolben	45
Spiranthes aestivalis	Sommerwendelähre, Sommerdrehwurz	20 – 50
Thelypteris palustris	Gewöhnlicher Sumpffarn	80 – 100
Utricularia vulgaris	Gewöhnlicher Wasserschlauch	40 – 100

Geeignete Sumpf- und Wasserpflanzen

▲ *Butomus umbellatus* ist eine attraktive Wasserpflanze. Aber beachten Sie die Wuchshöhe.

▲ *Sparganium errectum* gehört eigentlich in jeden Teich. Nach der Blüte zieht er ein.

■ Das sind diejenigen Vertreter, die direkt im Wasser beziehungsweise an extrem feuchten Standorten wachsen. Der Fachhandel bietet etwa hundert verschiedene Wasserpflanzen an. Eine ganze Reihe dieser Pflanzen sollte besser nicht in den Gartenteich gesetzt werden, weil sie zu stark wuchern. Besorgen Sie sich lieber Raritäten. Mehr dazu finden Sie in der weiterführenden Literatur (siehe Serviceteil Seite 150) und natürlich im Internet. Standort, klimatische Bedingungen und die Wasserparameter haben Auswirkungen auf das Gedeihen und Ausbreitungsverhalten der Pflanzen. Die Tabelle auf Seite 104 nennt ausgewählte Wasserpflanzen, die jeden Gartenteich bereichern. Sie beinhaltet hauptsächlich Pflanzen, die nicht zum Standardprogramm zählen. ■

Schwimmende Inseln

■ Eine Faustregel besagt: Zwei Drittel der Wasserfläche sollten bepflanzt sein, ein Drittel ist reine Wasserfläche. Nicht immer lässt sich diese Regel einhalten, beispielsweise wenn ein Teich keine oder nur wenig bepflanzbare Flächen hat. Das liegt häufig an knapp gestalteten Sumpf- oder Flachwasserzonen oder an zu steilen Uferbereichen. Eine Nachbesserung ist schon aus Platzgründen nicht möglich, weil die Erweiterung der Pflanzflächen zwangsläufig eine Teichvergrößerung nach sich zöge. Um trotzdem ein ansprechendes Bild und wenigstens

einen kleinen Bestand an Wasserpflanzen zu erhalten, kann man auf schwimmende Pflanzeninseln zurückgreifen. Dabei handelt es sich um mit dunklem Vlies überzogene Styroporringe, die wie ein Korb bepflanzt werden können und auf der Wasseroberfläche treiben. Es gibt sie in drei Größen von 25–35 cm Durchmesser. Damit der Wind die Körbe nicht ständig an den Rand treibt, kann man sie mit kleinen Gewichten verankern. Alle Pflanzenarten aus dem Bereich der Sumpf- und Flachwasserzone sind geeignet. Auch hier wirken einzeln schwimmende Körbe dürftig,

deshalb sollte mindestens eine Dreiergruppe mit unterschiedlicher Bepflanzung eingesetzt werden. Auf diese Weise lässt sich mit wenigen Handgriffen und ohne Baumaßnahmen das Bild einer Teichanlage deutlich verändern. Die Pflanzkörbe müssen im Winter eingeholt und im darauf folgenden Frühjahr neu bestückt werden. Dafür kann man dieselben Pflanzen nehmen, sofern sie den Winter gut überstanden haben. Für eine Überwinterung der Schwimminsel-Einzelpflanzen ist ein frostfreier, heller Raum nötig; auf eine Überwinterung tropischer Wasserpflanzen in Aquarien sollte man wegen geringer Erfolgschancen verzichten. ■

Pflanzen, die das Wasser klären

Gelegentlich hört man von Pflanzen, die die Eigenschaft haben sollen Algen zu verdrängen oder gar zu vernichten. Leider gibt es so etwas nicht. Es handelt sich hierbei lediglich um Schwimmpflanzen, die mit ihrem raschen Wachstum eine sehr positive Wirkung auf die Teichbiologie und die Wasserchemie ausüben. ■

Wasserpflanzen

■ Entsprechend ihrer Wuchsform kann man die Wasserpflanzen in zwei Gruppen einteilen. Eine Gruppe wächst fast ausschließlich im Wasser und kommt nur gelegentlich bis an die Wasseroberfläche. Die zweite Gruppe hat Schwimmblätter und liegt auf der Wasseroberfläche auf. Durch ihren starken Wuchs breiten sie sich beide Gruppen kräftig aus und entziehen dem Teichwasser daher große Mengen an Nährstoffen. Die Lebensweise und das Wuchsverhalten der Wasserpflanzen sind sehr unterschiedlich. Bei den frei treibenden Pflanzenarten ist die Blattoberfläche stets trocken und ihre Wurzeln hängen dabei im Wasser. Manche Arten wurzeln im Sumpfbereich, andere verankern sich am Teichgrund und legen ihre

Blätter eher lang gestielt auf der Wasseroberfläche ab. Eine weitere wichtige Differenzierung im Wuchsverhalten von Wasserpflanzen sollte dem Teichbesitzer vor dem Kauf bekannt sein: Man unterscheidet rosettig wachsende Rhizompflanzen, wie die Teichmummel von flutenden Sprossen wie dem Wasser-Hahnenfuß oder dem Wasser-Knöterich.

Unterwasserpflanzen

Die ausschließlich unter Wasser lebenden Arten legen im Winter eine Art Ruhephase ein, sind jedoch wintergrün. Das bedeutet, dass solche Pflanzen im zeitigen Frühjahr, noch bevor andere Wasserpflanzen mit dem Austreiben beginnen, schon aktiv werden und mit der Wasserklärung beginnen. Ein weiterer Vorteil dieser Pflanzengruppe ist ihre Fähigkeit zur Sauerstoffspeicherung. Betrachtet man zu bestimmten Tageszeiten, vor allen in den Morgenstunden, diese Pflanzen, dann fallen sofort

► *Aponogeton distchyos*, Kap-Wasserähre, ist eine Schwimmblattpflanze, die durch ihre recht großen Blätter gut als Schattenspender geeignet ist.

die winzigen Luftbläschen auf, die wie kleine silberne Kettchen am Blattrand der Pflanzen sitzen. Dieser Sauerstoff wird an das Wasser abgegeben und bedeutet eine zusätzliche Anreicherung. Das Wuchsverhalten und die Wurzelbildung der Unterwasserpflanzen ist sehr unterschiedlich und hängt von der Art ab.

Schwimmblattpflanzen

Schwimmblattpflanzen, deren Blätter vorwiegend auf der Wasseroberfläche aufliegen, beschatten eine Teichanlage. Misst man die Wassertemperatur unterhalb der Blätter, ist diese geringer als an freien Wasserstellen. Der Schatten und die geringeren Temperaturen an der Wasseroberfläche sind ein Vorteil, der die Ausbreitung von Algen unterbindet. Schwimmpflanzen bieten vielen anderen Teichbewohnern einen Lebensraum, manche sind sogar von ihnen abhängig. Manche Fischarten benötigen Laichkraut zum Ablaichen.

Kauf und Pflanzung

Schwimmpflanzen werden im Frühjahr im Fachhandel angeboten. Meist werden sie in kleinen, mit Wasser gefüllten Behältern, gelegentlich aber auch zusammengebunden und mit einem kleinen Bleigewicht versehen, verkauft. In diesem Stadium haben sie keine Wurzeln und werden einfach ins Wasser gelegt. Das Anwachsverhalten und die damit verbundene Ausbreitung ist nicht immer gleich und vor allem nicht von einem auf den anderen Teich übertragbar. Der Erfolg hängt insbesondere von der Wasserqualität, aber auch von klimatischen Faktoren ab. Nachteilig kann bei diesen Pflanzen der sehr starke Ausbreitungsdrang sein. Haben sie sich einmal etabliert, unterdrücken sie schon mal andere Wasserpflanzen. Nicht zu Unrecht trägt eine von ihnen den Namen Wasserpest. ■

Die wichtigsten Schwimmblatt- und Unterwasserpflanzen

Botanischer Name	Deutscher Name	Eigenschaft
Aponogeton distchyos	Kap-Wasserähre	schöne Blüte, Schattenspender
Callitriche palustris	Sumpf-Wasserstern	wertvolle Wildpflanze
Ceratophyllum denersum	Raues Hornblatt	Unterwasser, guter Sauerstoffspender
Chara fragilis	Armleuchteralge	Sauerstofflieferant
Elodea canadensis	Kanadische Wasserpest	Sauerstoffspender, wuchert
Hottonia palustris	Wasserfeder	Blüht sehr hübsch über Wasser
Hydrocharis morsus-ranae	Europäischer Froschbiss	besonders schöne Schwimmpflanze
Lemna minor	Kleine Wasserlinse	vermehrt sich sehr stark
Myriophyllum aquaticum	Brasilianisches Tausendblatt	Sauerstoffspender
Nymphoides peltata	Seekanne	guter Schattenspender
Persicaria amphibia	Wasser-Knöterich	wuchert, blüht sehr schön
Potamogeton crispus	Krauses Laichkraut	Sauerstoffspender
Potamogeton lucens	Glänzendes Laichkraut	Sauerstoffspender
Potamogeton natans	Schwimmendes Laichkraut	Schattenspender, wächst stark
Ranunculus aquatilis	Wasser-Hahnenfuß	wuchert stark
Spirodela polyrhiza	Teichlinse	Nährstoffentnahme, wuchert
Stratiotes aloides	Wasseraloe	sehr schöne Pflanze, liebt saueres Wasser
Trapa natans	Wassernuss	sehr schöne Schwimmpflanze
Utricularia vulgaris	Wasserschlauch	Sauerstoffspender

Dekorationsmaterial aus der Natur

■ Die Natur bietet – kostenlos! – eine Fülle von Dekorationsmaterial, das man eigentlich nur mitnehmen muss. Doch ganz so einfach ist das oft nicht. Wurzelstöcke, bemooste Äste oder hohle Stämme haben je nach Größe ein beträchtliches Gewicht. Auch darf man nicht einfach Material aus dem Wald holen. Sprechen Sie mit der zuständigen Forstverwaltung und bitten Sie um Erlaubnis. Sobald diese vorliegt und der Transport geklärt ist, können Sie die kostbaren Objekte nach Hause schaffen. Bevor diese in den Teich- oder Bachlaufrand integriert werden, muss man sie gründlich – am besten mit einem Hochdruckreiniger – reinigen, um Erde und alle weichen Holzteile bis auf den harten Kern zu entfernen.

Bemooste Äste und Stämme

Sie liegen schon seit Jahren von einem dicken Moospolster überzogen im Wald. Achten Sie darauf, dass die Holzteile nicht zu morsch sind, damit sie nicht schon beim Transport zerfallen. Besonders haltbar ist das Holz von Eiche und Robinie. Um die schöne Moosschicht zu erhalten, sollte das Material nicht in die pralle Sonne gelegt werden. Ideal ist ein Platz, der den Lichtverhältnissen am Fundort entspricht. Sorgen Sie dafür, dass das Dekorationsstück direkten Kontakt zum Wasser hat, damit das Holz nicht so schnell austrocknet und das Moos mit Feuchtigkeit versorgt. Nach einiger Zeit wird der Moosbelag hellgelb und stirbt ab. Bei einem Spaziergang durch den Wald findet sich bestimmt neues Dekomaterial, zum Beispiel bizarr verdrehte Äste.

Hohle Stämme

Sie sind selten geworden, denn oft sind Holzstämme von Pilz befallen und durch Mikroorganismen und aufgrund von Umwelteinflüssen verfault. Im Idealfall ist die äußere Hülle erhalten geblieben, während sich der Kern zersetzt hat. Diese Masse kann man von Hand oder mit einer kleinen Schaufel vorsichtig entfernen. Besonders schön sind konisch zulaufende Teile, die aus den unteren Partien eines Baumes stammen. Kiefern und Fichten liefern die besten Fundstücke. Auch hier ist eine gründliche Reinigung mit dem Hochdruckreiniger unerlässlich. Der Stamm eignet sich als Kopf eines Bachlaufs oder als Wasserdurchlauf an markanter Stelle. Mit anderen Fundstücken aus dem Wald und der Bepflanzung mit Gräsern und Farnen schafft man es, der Natur sehr nahe zu kommen.

Torfsoden

In Regionen, in denen noch industriell Torf abgebaut wird, findet man Torfsoden beziehungsweise

PRAXISTIPP

■ Überlegen Sie sich einmal selbst, was man aus der Natur entnehmen kann, um damit das Umfeld eines Teiches zu dekorieren. Eigentlich muss man nur versuchen die Natur zu kopieren. ■

man kommt leicht an diese dekorativen Stücke. Im Handel sind sie kaum erhältlich. Die frisch gestochenen Torfsoden lagern über mehrere Monate in den Abbaugebieten, sie trocknen dort und schrumpfen dabei zusammen. Dir Farbe und der typische, faserig strukturierte Aufbau bleibt erhalten. Je trockener die Torfsoden, desto stabiler sind sie. Einmal am Teich aufgebaut, saugen sie sich rasch mit Wasser voll und sollten dann nicht mehr bewegt werden, denn nasse Soden zerbrechen schnell. Es ist recht einfach, mit Torfsoden eine kleine Landschaft zu gestalten, die an ein Moor erinnert. Damit dieser Bereich feucht bleibt, muss eine Verbindung zum Teich hergestellt werden. Dafür wird eine Teichfolie eingelegt, und direkt am Teich angeschweißt. Um in diesem extrem flachen Bereich Wasserverlust zu vermeiden, muss, falls es sie noch nicht gibt, die Kapillarsperre eingebaut werden (siehe Seite 140).

Als Substrat für die Pflanzecke eignet sich loser Torf, dem ein Drittel Teicherde beigefügt wird. Anders als ein richtiges Moor, das ein funktionierendes Ökosystem mit eigenen Regeln ist, muss die künstliche Moorlandschaft von Zeit zu Zeit erneuert werden. Für die Bepflanzung eignen sich der heimische Sonnentau (*Drosera*), verschiedene klein bleibende Gräser, Wollgras (*Eriophorum*), schwach wachsende Binsen und Wildorchideen, die Feuchtigkeit lieben. Für sämtliche Pflanzen gilt: Sie dürfen nicht der Natur entnommen werden, man kann sie alle käuflich erwerben. ■

Besondere Dekorhölzer am Teich

■ Viele Firmen, die Steinmaterial verkaufen, haben auch Dekorholz im Programm. Darunter versteht man sehr hartes, bizarr geformtes Wurzelholz, das in den Flüssen tropischer Wälder gefunden und von Wind und Wasser bearbeitet wurde. Kein Stück gleicht dem anderen. Der Preis richtet sich nach der Größe. Diese in vielen Farbnuancen vorkommenden Hölzer haben eine lange Lebensdauer.

Ähnliches Material findet sich, zwar immer seltener, aber dennoch auch in unseren Breiten: das Kernholz der Wurzelstöcke von Moor-Eichen. Sie sind unterschiedlich groß, anthrazitfarben bis schwarz. Als Einzelstück in einem Kiesbett am Teich aufgebaut oder an einem Bachlauf liegend wirkt das Holz am besten.

Sehr hübsches Dekorationsmaterial findet sich auch in unseren heimischen Wäldern. Alte, teilweise bemooste Baumstümpfe, Wurzeln oder Stammstücke wirken am Teichrand sehr attraktiv. Aber dazu ein wichtiger Hinweis: Für die Entnahme von Holz aus heimischen Wäldern muss man sich bei dem zuständigen Forstamt eine Genehmigung erteilen lassen. Damit sind Sie dann legal berechtigt, das Dekomaterial aus dem Wald zu holen und dürfen sogar direkt bis zum Fundort fahren. Nasses, altes Holz kann sehr schwer sein!

Diese Fundstücke sind besonders gut geeignet, um Waldsituationen nachzubauen. Das Holz sollte dabei nicht im Wasser liegen, der Zersetzungsprozess würde dadurch nur gefördert. Bevor die leicht angemoderten Holzstücke an ihren Platz gelegt werden, reinigt man sie am besten mit einem schwach eingestellten Hochdruckreiniger und entfernt somit alle weichen, sich rasch ablösenden Holzteile. In Verbindung mit verschiedenen Farnen, insbesondere wintergrünen Arten, kann auf diese Weise eine preiswerte und sehr natürlich wirkende

Dekoration erstellt werden. Wer lange genug sucht, der findet unter Umständen auch schon mal ein Stammstück, das durch Fäulnis innen ausgehöhlt ist und wie ein dickes, bemoostes Rohr wirkt. Solche Stücke eignen sich ganz besonders als Wasserdurchlauf für kleine Wasserfälle oder Bachläufe.

▼ Solche Hölzer, wie hier abgebildet, sind besonders hart und dadurch auch in Wassernähe extrem haltbar.

Technik für den Teich

Ein Teich kann bei entsprechender Größe und ausreichender Bepflanzung durchaus ohne Technik auskommen. Möchte man jedoch einen Bachlauf oder einen Wasserfall anschließen, ist das kaum ohne technischen Einsatz machbar. Wer Wert auf eine permanente glasklare Wasserqualität legt, für den sind Filter- und Skimmeranlagen unverzichtbare Hilfsmittel. Wer keinen Strom in unmittelbarer Wassernähe installieren möchte, der kann auf Solarstrom zurückgreifen.

Pumpen und Filter

Pumpen und Filter sind unverzichtbare Bestandteile des technischen Zubehörs. Ohne Pumpen würden weder Bachläufe, Wasserfälle noch Wasserspeier oder Brunnen in Gang gebracht werden können. Filter sowie filterunterstützende Technik sorgen für die Reinhaltung des Wassers und verhindern die übermäßige Algenbildung. Moderne Geräte vereinen all diese Funktionen und sind leistungsoptimiert und energiesparend.

Energieverbrauch und neue Erkenntnisse. Schon wegen der unterschiedlichen Betriebszeiten der einzelnen Geräte ist es besser, statt einer großen zwei verschieden starke Teichpumpen zu nutzen. Eine Filteranlage zum Beispiel muss pausenlos in Betrieb sein, Wasserspiele hingegen nicht. Die Grafik zeigt, wo eine Pumpe ausreicht oder besser zwei getrennte Pumpenkreisläufe betrieben werden.

Welche Pumpe für welchen Zweck?

■ Bislang wurde für unterschiedliche Aufgaben in einem Gartenteich ein und dieselbe Teichpumpe

▼ Auf dieser Abbildung sind die Kammern der M-B-C-Filterung gut zu erkennen.

verwendet. Inzwischen setzt man Teichpumpen ganz gezielt ein. Auch Einzelpumpen mit hoher Förderleistung, die als Multifunktionsgerät fungieren, werden kaum noch benutzt. Gründe dafür sind der unangemessen hohe

Es gibt zwei Arten von Teichpumpen. Für geringere Leistungen bis etwa 4000 l/h werden Synchronmotorpumpen eingesetzt. Sie bestehen aus einer kunststoffvergossenen Wicklung und einem rotierenden Magnetkern mit Flügelrad, deren Größe die Fördermenge bestimmt. Diese Pumpen müssen regelmäßig gereinigt

> **PRAXISTIPP**
>
> ■ **Zwei Teichpumpen bieten Vorteile:**
> ✓ Zwei unterschiedlich starke Pumpen sind preiswerter als ein großes Gerät.
> ✓ Eine zeitlich vernünftig abgestimmte Wasserbewegung im Teich verbessert die Wasserqualität.
> ✓ Mit leistungsangepassten, nicht überdimensionierten Pumpen wird Energie gespart. ■

werden; sie sind leicht zu öffnen und man kann die gesamte Fördereinheit entnehmen. In Leistungsstufen ab 2000 l/h lassen sich diese Geräte auch per Funk steuern. Für einen Betrieb außerhalb der Teichanlage sind sie nicht geeignet.

Für höhere Förderleistungen sind Asynchronmotorpumpen, die je nach Verwendungszweck mit oder ohne Vorfilter angeboten werden, die bessere Wahl. Die Förderräder sind unterschiedlich groß und je nach Modell völlig anders aufgebaut. Förderrad und Pumpe sind eine Einheit und lassen sich, anders als die Synchronpumpen, nicht auseinander nehmen. Man unterscheidet zwischen Pumpen für Teichrandfiguren, Wasserspielpumpen, Bachlauf-/ Wasserfallpumpen sowie Filterspeisepumpen. Alle Typen sind mit verschieden hohen Förderleistungen erhältlich. ◼

Pumpen für Wasserspeier

Weil Wasserspeier keine großen Förderleistungen benötigen, reicht eine kleinere Synchronmotorpumpe aus. Alle Modelle haben einen auswechselbaren Vorfilter. Kleine Pumpen lassen sich manuell mit einem Schieber regulieren, bei größeren Typen wird die Fördermenge elektronisch abgestimmt. Die Größe der Teichrandfigur bestimmt, wie stark die Pumpe sein muss.

Wasserspielpumpen

Wasserspielpumpen fördern wenig Wasser mit moderatem Druck. Sie brauchen immer einen Vorfilter, der in einem Korb als Schwamm

Betriebszeiten für unterschiedliche Wasserspiele

Wasserbild	Laufzeit	
	ständig	an/aus
Wasserfall		*
Bachlauf	*	*
Kaskade		*
Schaumquell	*	
Wasserglocke		*
Quellstein	*	
Teichrandfigur		*

vor dem Ansaugstutzen befestigt ist. Er sorgt dafür, dass die Pumpe weder Schmutz noch Schwebeteilchen aus dem Wasser zieht, die die feinen Düsen verstopfen. Die Schwämme müssen regelmäßig aus der Pumpe genommen und gereinigt werden. Die Geräte dürfen nicht zu tief im Teich eingebaut werden, 25–35 cm Wassertiefe sind ausreichend. Zum einen sind sie auf diese Weise besser zu warten, zum anderen bringen zu tief eingebaute Pumpen die Teichbiologie durcheinander, weil sie das kühle, sauerstoffreiche Wasser

nach oben fördern und somit ungewollt das Wassergefüge vermischen.

Relativ neu sind die mit einer Vorfilteranlage ausgestatteten, freischwimmenden Aggregate. Ferner gibt es Vorfilter, die mit einer Schlauchverbindung getrennt von Pumpe und Wasserspiel im Flachwasserbereich des Teiches aufgestellt werden können.

▼ Das Fabelwesen ist ein Mini-Wasserspeier, der mit einer kleinen Pumpe funktioniert.

Bachlauf- und Wasserfall-pumpen

Für den Betrieb eines Bachlaufs oder Wasserfalls wird viel Wasser benötigt. Druckverlust und Fördermenge sind deshalb sorgfältig zu berechnen (siehe Seite 29). Die Pumpen für Bach und Wasserfall sind ausgesprochen leistungsstarke Geräte, die große Wassermengen ohne jeglichen Druck fördern können. Das Gehäuse ist meist aus Kunststoff gefertigt. Anstelle eines Vorfilters sorgen 4–5 mm große Öffnungen für die Wasseraufnahme am Ansaugstutzen. Schmutz und Schwebeteilchen können diesem Pumpentyp nichts anhaben. Für Wasserspiele darf er nicht eingesetzt werden, weil er zu stark ist. Außerdem wären die Düsen dauernd verstopft. Der Druckstutzen (Pumpenabgang) hat einen Durchmesser von 1–2 Zoll und ist in der Regel über einen Kugelkopf regulierbar. Damit lassen sich die flachen, aber dennoch voluminösen Pumpenkörper

▼ Manche Teichpumpen können zu Reinigungszwecken ohne Zuhilfenahme von Werkzeug geöffnet werden.

mit ihren steifen Schlauchverbindungen besser einbauen. Die Fördermengen dieser Pumpen reichen von 3000–12000 l / h.

Filterspeisepumpen

Pumpen zum Betreiben von Filteranlagen sind ähnlich aufgebaut wie die zuvor beschriebenen Geräte, es gibt aber zusätzliche Merkmale. Die Öffnungen im Pumpengehäuse sind mit bis zu 9 mm deutlich größer und sorgen für den Transport von Schmutz und Schwebeteilchen in die angeschlossene Filteranlage. Die Fördermengen dieser Pumpen reichen von 3000–8000 l / h.

Weil Filterpumpen pausenlos in Betrieb sind, wurden effiziente Motoren und strömungsoptimierte Laufeinheiten entwickelt, durch die sich im Vergleich mit herkömmlichen Modellen bis zu 40 % Energie einsparen lassen. Manche Pumpen haben einen zweiten Saugstutzen, über den parallel ein Skimmer angeschlossen werden kann. Auf diese Weise werden gleichzeitig Teich- und verschmutztes Oberflächenwasser

◀ Zu bestimmten Jahreszeiten verschmutzen Teichpumpen schnell und müssen gereinigt werden.

zum Filter transportiert. Bei sehr großen Teichanlagen lässt sich außerdem ein Satellitenfilterkorb integrieren, der zusätzliche Wassermengen aus anderen Teichbereichen abzieht. Noch komfortabler sind Pumpengehäuse, in denen zwei per Fernbedienung getrennt zu steuernde Pumpen untergebracht sind. Die Anschaffung lohnt sich für große Teiche mit einer Filtertechnik, bei welcher der Skimmer über eine eigene Pumpe betrieben oder abgestellt werden kann.

Da es sich bei Teichpumpen nicht um Saug-, sondern um Förderpumpen handelt, ist zu bedenken, dass Wasser nur bis zur Einbautiefe gefördert wird; Wasserschichten von weiter unten nehmen solche Pumpen kaum noch auf. Wenn Teichwasser bis zu einer gewissen Tiefe gefiltert werden soll, ist die Pumpe entsprechend einzupassen. Da Wasser, das über einen Filter in den Teich zurückläuft, sauerstoffarm ist, kommt man nicht umhin, zusätzlich Sauerstoff zuzuführen.

Sauerstoffpumpen

Das Leben der meisten Teichbewohner hängt vom Sauerstoff—gehalt des Wassers ab. Wie viel Sauerstoff Wasser speichern kann, richtet sich nach der Temperatur: Je wärmer das Teichwasser ist, desto geringer der Sauerstoffgehalt. Sauerstoffmangel kann mit Membranpumpen, die außerhalb der Teichanlage aufgestellt werden, ausgeglichen werden. Sie haben dünne Klarsichtschläuche, an deren Enden sich keramische Ausströmersteine befinden. Im Sommer hängt man diese Steine möglichst tief in den Teich hinein. Für größere Teichanlagen gibt es stärkere Pumpen, mit ihnen lassen sich bis zu vier Schläuche auf einmal betreiben. Membranpumpen werden gerne auch im Winter eingesetzt, um eine Stelle eisfrei zu halten. Für den Wintereinsatz muss der Ausströmer möglichst hoch im Teich positioniert werden. Hängt man ihn tief ein, wird das restliche wärmere Wasser nach oben gedrückt und der Teich friert noch fester zu. Membranpumpen

▼ **Durch die korrekte Anordnung der Steine beim Einbau, ist ein kleines Becken entstanden, aus dem das Wasser zur nächsten Stufe abläuft.**

sind wartungsfrei und spritzwassergeschützt, die Geräte selbst dürfen jedoch nicht im Wasser betrieben werden.

Solartechnik für Teichpumpen

Wenn kein Strom vorhanden ist, zum Beispiel im Schrebergarten, kann man kleine Teichpumpen einsetzen, die mit Solarstrom arbeiten. Funktionsgrad und Fördermenge dieser Pumpen hängen in erster Linie von der Größe des Solarpaneels ab. Mit der heutigen Technik sind immerhin 500–5000 l/h zu erwarten. Beliebt sind kleine schwimmende Pumpaggregate mit integriertem Paneel. Solarelemente funktionieren nur bei Sonnenschein. Moderne Geräte sind meist mit Speichermedien ausgerüstet und gewährleisten somit längere Laufzeiten.

Energieverbrauch

Der Aufbau und die Technik von Teichpumpen hat sich in den letzten Jahren grundlegend verändert. Bei vernünftiger Planung lassen sich spürbar Energiekosten einsparen. Vor wenigen Jahren brauchte eine Gartenteichpumpe mit einer Förderleistung von 10 000 l/h gut 350 Watt, inzwischen hat sich dies um über die Hälfte reduziert. Für einen geringen Energieverbrauch sorgen auch programmierte Zeitschaltuhren und Fernbedienungen mit Ein- und Ausschaltfunktion. Moderne Fernbedienungen haben eine Reichweite von bis zu 30 Metern. Durch sinnvolles Pumpenzubehör und gezielten Einsatz, ist es möglich mit nur einer Pumpe unterschiedliche Teichelemente gleichzeitig zu betreiben. Das macht jedoch nur Sinn bei einheitlichen Betriebszeiten der Teichpumpe. ■

117

Welcher Filter ist richtig?

■ Wer sich entschließt, die Reinigung des Teichwassers ganz oder teilweise über eine Filteranlage durchzuführen, hat die Qual der Wahl. Zahlreiche Händler vertreiben in Bezug auf Arbeitsweise, Funktion und Wirkungsgrad die unterschiedlichsten Modelle. Der Hersteller gibt an, welcher Filter für welche Teichgröße beziehungsweise dessen Wasservolumen der richtige ist. Die genannten Filterwerte beziehen sich grundsätzlich auf Teiche ohne Fischbesatz. Sobald Fische im Teich leben, reduziert sich die angegebene Filterleistung um etwa die Hälfte. Wenn also ein Teich mit einem durchschnittlichen Inhalt von 5000 l und Fischbesatz mit einem Filter versehen werden soll, ist ein Gerät mit einer Filterleistung von 10 000 l richtig. Die Kapazität einer Filteranlage hängt von deren Größe und vom Filtermaterial ab, das im Filterkörper untergebracht ist (siehe auch Seite 120). Die Hersteller beziehen die Filterleistung auf den Teichinhalt in Kubikmetern. Um den passenden Filter zu ermitteln, müssen Sie deshalb den angegebenen Teichinhalt von Liter in Kubikmeter umrechnen (10 000 l = 1 m³). Von Filteranlagen, die im Teich betrieben werden, ist abzuraten, weil sie nicht besonders wirkungsvoll sind und oft gewartet werden müssen. Moderne Filteranlagen stehen heute auf dem Trockenen.

Obwohl die Filterkörper mit unterschiedlichen Filtermaterialien, auch Filtermedien genannt, bestückt sind, arbeiten sie fast alle nach der so genannten M-B-C-Methode. M steht für mechanische, B für biologische und C für chemische Reinigung. Die Filterstufen sind in getrennten Filterkammern untergebracht, die mittels eines Durchflusssystems miteinander verbunden sind. Mit chemischer Filterung ist nicht etwa der Einsatz von Chemikalien gemeint. Vielmehr ist der Filter mit Zeolith bestückt, einem geologischen Material, das durch Ionenaustausch Nitrat absorbiert – was als chemischer Prozess bezeichnet wird. Sämtliche Filterbestandteile können ausgetauscht werden. ■

Die neueste Filtertechnik

■ Die bekanntesten Filterarten und ihre Funktionsweisen werden nachfolgend kurz vorgestellt. Daneben gibt es eine Reihe anderer Spezialfilterungen, die nicht berücksichtigt werden können. Wer sich intensiver damit beschäftigen möchte, findet weiterführende Literatur im Serviceteil auf Seite 150.

Das Gravitationsprinzip
Dieses Mehrkammerfiltersystem ist vor allem bei großen Teichanlagen richtig. Die Filteranlage wird in Höhe des Teichniveaus in den Boden eingelassen und ist fast nicht zu sehen. In der letzten Filterkammer steht die Teichpumpe, sie saugt das verschmutzte Wasser über einen Bodenablauf am tiefsten Punkt im Teich durch alle Filterkammern an und fördert es gereinigt in den Teich zurück.

Das Pumpen-Filtersystem
Es ist weit verbreitet und für alle Teichgrößen erhältlich. Der Filter befindet sich über dem Wasserspiegel, die Pumpe kann im Teich untergebracht sein oder sie steht in einem Schacht, der ähnlich wie beim Gravitationsprinzip auf Teichniveau eingebaut wurde. Auch hier wird das verschmutzte Wasser über einen Bodenablauf der Filteranlage zu- und gereinigt über den Filterablauf in den Teich zurückgeführt. An einem Bachlauf oder Wasserfall muss das Gerät auf deren Höhe aufgestellt werden, weil sich in diesen Filtern kein Druck aufbaut. Nachteilig ist, dass die Technik der Filteranlage und vor allem der Filterkasten wenig dekorative Elemente sind und versteckt werden müssen. Suchen Sie sich dafür einen geeigneten Platz, der eben und befestigt ist, im Schatten liegt und sich nicht unbedingt in unmittelbarer Nähe zum Teich befinden muss. Der Vorteil: Die Anlagen sind jederzeit nachrüstbar und können bei Bedarf höher dimensioniert werden.

Druckfilter
Druckfilter sind relativ neu auf dem Markt. Sie sind relativ klein, bieten aber eine erstaunliche Filterleistung. Ihre Kapazität reicht je

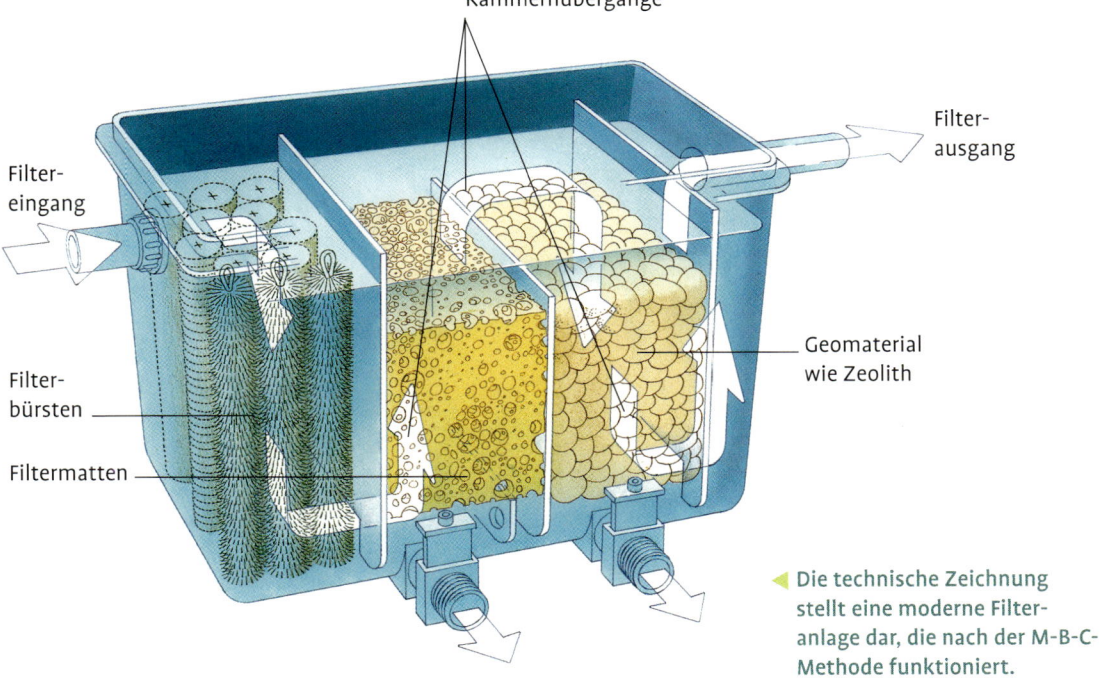

Kammernübergänge

Filter-
ausgang

Filter-
eingang

Geomaterial
wie Zeolith

Filter-
bürsten

Filtermatten

◀ Die technische Zeichnung
stellt eine moderne Filteranlage dar, die nach der M-B-C-
Methode funktioniert.

nach Hersteller für 3–15 m³ Teichwasser. Die meisten Geräte haben
eine separat zu betreibende UV-C-
Lampe und einen ausgeklügelten
Reinigungsmechanismus. Es gibt
auch Geräte, die individuell auf
die Teichgröße eingestellt werden
können und deren Filterleistung
sich zum Beispiel bei einer Teicher-
weiterung vergrößern lässt. Druckfilter können bis zum Filterkopf im
Boden eingelassen werden, damit
fallen sie kaum auf. Weil sich das
gefilterte Teichwasser im Behälter
mit Druck aufbaut, können Sie ihn
einbauen, wo Sie möchten. Auch
wenn der Filter beispielsweise an
einem tiefen Punkt im Boden eingelassen wird, kann das gereinigte
Wasser trotzdem über einen Wasserfall ablaufen. Besonders einfach
gestaltet sich die Reinigung solcher Filter, die praktisch automatisch abläuft. ■

Filtermaterialien

■ Obwohl die hier beschriebenen
Filtermethoden auf das M-B-C-
Prinzip aufbauen, sind sie oft mit
unterschiedlichen Filtermaterialien
ausgestattet. Die Tabelle auf Seite
120 stellt ihre Vor- und Nachteile
und die Funktion im Filter vor. ■

▶ Filterbürsten sind für die mechanische Reinigung in einem
Filter zuständig. Sie fangen
grobe Schmutzpartikel ab.

▶ Die abgebildeten Kunststoff-
teile sind ideal für die Ansied-
lung von Bakterien. Diese
übernehmen die biologische
Reinigung.

▶ Das Zeolith, hier auf einer
Japanmatte abgelegt, absorbiert Nitrat. Der Vorgang heißt
daher chemische Filterung.

120

Filtermaterialien

Filtermaterial	Vorteil	Nachteil	Filterung
Filterkeramik	leicht, gute mechanische Reinigung	setzt sich rasch zu, öfter austauschen	M
Filterbürsten	gut zu warten, leicht, ausgezeichnete Wirkung	nur für mehrkammeranlagen, relativ teuer	M
Filterwaben	sehr preiswert, leicht, riesige Filteroberfläche	nur für mehrkammeranlagen	M – B
Canterbury Spat	zersetzt sich nicht, sehr preiswert	schwer zu reinigen	B
Kunststoffteile	sehr leicht, zersetzen sich nicht	nur für mehrkammeranlagen, schwimmen leicht auf	B
Blähton	sehr preiswert	setzt sich rasch zu	M – B
Filterschaumstoff	sehr leicht, preiswert	wenig biologische Wirkung	B
Filterschwämme	preiswert, unterschiedliche Porosität	verschmutzen schnell	M – B
Japanmatten	leicht, sehr große Filteroberfläche, wenig Wartung	halten keine Feststoffe, nur für mehrkammerfilter, relativ teuer	B
Matala	gleichmäßige Besiedlung von Bakterien, gut zu reinigen, federleicht	Bakterienbesiedlung dauert lange	B
Zeolith	sehr porös, Nitratabbau	muss regelmäßig gereinigt werden, zersetzt sich allmählich	C
Biobälle	leicht, Ansiedlung anaerober Bakterienstämme	nur in Verbindung mit anderen Filtermedien	B

Die Teichpumpe muss zum Filter passen

■ In den seltensten Fällen erhält der Käufer einer Filteranlage Auskunft, welche Teichpumpe dazu passt. Das mag daran liegen, dass man hier unterschiedlicher Meinung ist. Die Fördermenge richtet sich danach, wie häufig innerhalb von 24 Stunden der Teich umgewälzt wird. Besitzer von Koikarpfen-Teichen wälzen alle zwei Stunden um, bei einem normalen Gartenteich reichen fünf bis sechs Mal täglich aus.

Berücksichtigt werden müssen Druckverluste durch Reibung und Höhenunterschiede beim Aufbau der Filteranlage. Ist die Pumpe zu schwach ausgelegt, ist der Filter ständig verstopft und läuft über.

PRAXISTIPP

■ **Fördermenge einer Pumpe berechnen**
Man multipliziert den Teichinhalt mit der gewünschten Anzahl der Teichumwälzungen und dividiert die Summe durch 24. Das Ergebnis entspricht der stündlichen Pumpenförderleistung.
Beispiel: Teichinhalt = 10 000 l × 6 Umwälzungen / Tag = 60 000 l : 24 Stunden = 2500 l / h
Die richtige Filterpumpe muss also eine stündliche Förderleistung von 2500 l haben. ■

Zu starke Pumpen spülen zu viel Wasser durch die Anlage und lassen den Mikroorganismen keine Chance, sich im Filterinneren anzusiedeln. Hersteller empfehlen meist zu ihren Filteranlagen die passenden Pumpen. Falls nicht, hilft der Praxistipp auf Seite 120 die optimale Pumpenleistung zu berechnen. ■

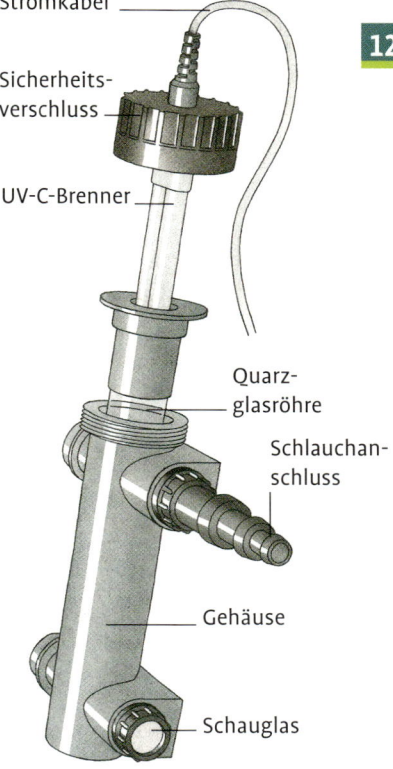

Stromkabel

Sicherheitsverschluss

UV-C-Brenner

Quarzglasröhre

Schlauchanschluss

Gehäuse

Schauglas

Filterunterstützende Technik

■ Wer will, kann die Wasserqualität im Teich durch zusätzliche, dem Filter vor- beziehungsweise zugeschaltete Technik noch verbessern.

UV-C-Brenner

UV-C-Brenner werden schon länger unterstützend bei der Teichfilterung eingesetzt. Neu an allen Geräten ist ein Bypass-System, das dafür sorgt, dass nur ein Teil des einströmenden Wassers mit dem aggressiven UV-C-Licht in Berührung kommt, denn wenn der ganze Teich damit bestrahlt wird, stirbt alles Leben einschließlich der Mikroorganismen ab. Durch das Licht verklumpen

Schwebealgen, Schwebeteilchen und Schmutz zu größeren Partikeln, die in den Kammern der Filteranlage zersetzt werden. Hilfreich ist UV-C-Licht bei den im Frühjahr auftretenden Schwebealgen, die so klein sind, dass sie in keinem Porengefüge des Filtermaterials festgehalten und wieder ausgeschwemmt werden.

Die Laufzeit der UV-C-Lampe sollte sich nach der Wasserqualität richten und anfangs 8 – 12 Stunden

▼ Filteranlage mit UV-C-Wasserklärer. Das Gerät arbeitet mit Bypasssystem – nicht alles Wasser läuft über die Lampe.

▲ Gehäuse mit Quarzglas sowie UV-C-Brenner. Am Kopf des Brenners befindet sich zudem der Sicherheitsschalter.

nicht überschreiten, dies steuert man am besten über eine Zeitschaltuhr. Jede Verbesserung der Wasserqualität ist ein Anlass, die Betriebszeit der UV-C-Lampe zu reduzieren. Die Größe der Lampen beziehungsweise deren Wattzahl orientiert sich an der Wassermenge, die den Filter durchläuft.

Skimmer

Man kennt unterschiedliche Modelle, die Funktion ist jedoch bei allen dieselbe: auf der Wasseroberfläche treibende Fremdkörper

Leben im Gartenteich

Das Leben in einem Gartenteich ist sehr vielschichtig, das meiste davon bleibt uns jedoch verborgen. Würde man versuchen, den Lebensraum von Teichbewohnern in einem Gartenteich schematisch in einer Grafik darzustellen, würde sich im Querschnitt ein streifenförmiges Bild ergeben. Das Leben im Gartenteich findet in verschiedenen Schichten statt, die sich durch die jeweilige Tiefe des Gewässers ergeben. Diese Schichten kommen zum einen durch unterschiedliche Wassertemperaturen (oben warm, unten kalt) sowie durch das sehr unterschiedlich tief eindringende Licht im Wasser zustande. So erklärt sich das Leben im Wasser. ■

Abläufen abhängig und funktioniert ausschließlich bei ausreichender Sauerstoffversorgung.

Wiederum durch Bakterien ausgelöst wird ein weiterer Prozess, der Ammonium und Ammoniak in Nitrit umwandelt. Die so genannte Nitrifizierung wird durch Nitrobakter-Stämme initiiert und endet letztlich in der Umwandlung von Nitrit zu Nitrat.

In sauerstofffreien Bereichen des Teichbodens leben weitere Bakterienarten, die den anaeroben Bakterienarten zugeordnet werden. Sie haben die Eigenschaft, Nitrat teilweise in einen gasförmigen Zustand zu versetzen. Das Gas wird regelmäßig über die Wasseroberfläche abgeleitet.

Kleine Helfer im Wasser

■ Das Leben im Wasser ist voller Überraschungen und so erstaunt es sicherlich nicht besonders, dass es im Teichwasser von Kleinstlebewesen nur so wimmelt. Von größter Bedeutung sind verschiedene Bakterienstämme, die für die Zersetzung aller organischen Substanzen, die im Laufe des Jahres in den Teich gelangen, zuständig sind. Ohne sie wäre das Leben in einem Teich überhaupt nicht möglich.

Bakterienstämme
Diese kleinen unsichtbaren Helfer lassen sich in bestimmte Gruppen einteilen, die sich auf ganz gezielte Vorgänge im Teich spezialisiert haben. So sind sie z.B. für die Wandlung der Stickstoffverbindungen im Teichwasser hauptverantwortlich. Sobald organisches

Material in Form von Laub, Pollen, Fischexkrementen oder Futterresten in den Teich gelangt, wird es durch Nitrosomonas-Bakterienstämme zunächst in Ammonium und Ammoniak umgewandelt. Dieser komplizierte Prozess ist von den unterschiedlichsten chemischen und biologischen

▲ Wasserhyazinthe

Das Wissen über die positiven Eigenschaften von Bakterien im Teich hat die Industrie sich längst zunutze gemacht und vertreibt gefriergetrocknete, aber auch in Flüssigkulturen angelegte Bakterienarten, die in der Lage sind Teichschlamm zu zersetzen. Solche Mittel werden meist als Zwei-Komponenten-Präparate angeboten, wovon eines immer eine Phosphat bindende Wirkung hat.

Kleinstlebewesen
Eine bedeutende Rolle spielen neben den Bakterienstämmen die vielen verschiedenen Kleinstlebewesen, die in einem Teichgewässer vorkommen und die schon durch ein einfaches Mikroskop zu sehen sind. Sie werden dem Zooplankton zugeordnet und tragen Namen wie Rädertierchen, Bären- oder Geiseltierchen. Die Ernährung der

vielen unterschiedlichen Arten ist nicht einheitlich. Viele von ihnen leben von winzigen Partikeln und Schlamm, aber auch von Schwebealgen. Das Gleiche gilt für die Krebstierchen (Crustaceaen). Eines der bekanntesten, ist einer von drei bei uns vorkommenden Arten des Wasserflohs, der auch ohne Vergrößerung im Wasser entdeckt werden kann.

Wer keine Fische im Teich hält, für den sind Wasserflöhe geradezu ideal, denn sie ernähren sich von Plankton und Schwebealgen. Allerdings schätzen manche Fische die Wasserflöhe auf ihrem Speiseplan. Wer trotz Fischbesatz Wasserflöhe in seinem Gartenteich halten möchte, um das Wasser zu filtern, für den gibt es trotzdem eine Lösung. Der Wasserflohfilter! Er ist so groß wie ein Marmeladenglas und hat so große Öffnungen, dass die Nahrung der Tierchen eindringen kann, die Tierchen selbst aber nicht entweichen können. Damit es den Wasserflöhen so richtig gut in ihrem Zuhause geht, ist der Behälter an eine Membranpumpe angeschlossen, die für eine zusätzliche Sauerstoffzufuhr sorgt. Fische können Ihnen nichts anhaben. ■

halten das Teichwasser kühl, was automatisch einen höheren Sauerstoffgehalt mit sich bringt.

Kauf, Pflanzung und Wuchsverhalten

Angeboten werden die Pflanzen in kleinen, mit Wasser gefüllten Behältern. Das Wasser kann man kurzfristig für den Transport auch ausschütten. Werden tropische Wasserpflanzen rechtzeitig gekauft und einfach auf die Wasseroberfläche aufgesetzt, entwickeln sie bei ausreichender Wassertemperatur regelrechte Pflanzenteppiche. Die Entwicklung kann so stark sein, dass ein Teil von ihnen wieder abgefischt werden muss.

Alle tropischen Schwimmpflanzen verfügen über mehr oder weniger stark ausgeprägte Schwimmkörper, mit deren Hilfe sie auf yder Wasseroberfläche treiben. Ein Teil der Pflanzen, wie etwa die Wasserhyazinthe, treiben bis zu 25 cm lange Wurzeln im Wasser. Solange die Temperaturen hoch genug sind, bilden sich an den Blattachsen oder rhizomähnlichen Trieben immer wieder neue Austriebe, die sich im Laufe der Zeit von der Mutterpflanze abtrennen. Mit sinkenden Temperaturen und verkürzter Tageslänge verändern sich die Pflanzen deutlich. Zunächst fällt auf, dass die Vermehrungsrate nachlässt und die Pflanzen kleiner werden. In der nächsten Phase werden die Pflanzen gelb, später bräunlich und dann recht bald unansehnlich. Sie sollten dann sehr rasch von der Teichoberfläche entfernt werden, weil sie ansonsten absinken und dem Nährstoffkreislauf des Wassers zugefügt werden. ■

Wertvolle Saisonarbeiter – tropische Wasserpflanzen

■ Überall wo Wasserpflanzen angeboten werden, erhält man im Frühsommer die Saisonarbeiter für den Teich. Gemeint sind tropische Wasserpflanzen, deren Gastspiel auf dem heimischen Gartenteich endet, sobald die Luft- und Wassertemperaturen auf 6 – 8 °C abfallen. Der Vorteil dieser Pflanzen liegt in dem raschen Wachstum und der damit verbundenen Nährstoffentnahme aus dem Teichwasser. Zudem schattieren sie die Wasseroberfläche und

Die wichtigsten tropischen Arten im Überblick

Botanischer Name	Deutscher Name	Bemerkung
Azolla mexicana	Gefiederter Algenfarn	sehr feingliedrig
Azolla filiculoides	Großer Wasserfarn	wächst stark
Eichornia crassipes	Wasserhyazinthe	blüht sehr schön
Salvinia natans	Schwimmfarn	hübsche Schwimmkörper
Salvinia minima	Kleiner Schwimmfarn	kleiner als S. natans
Pistia stratiotes	Wassersalat	hohe Vermehrungsrate

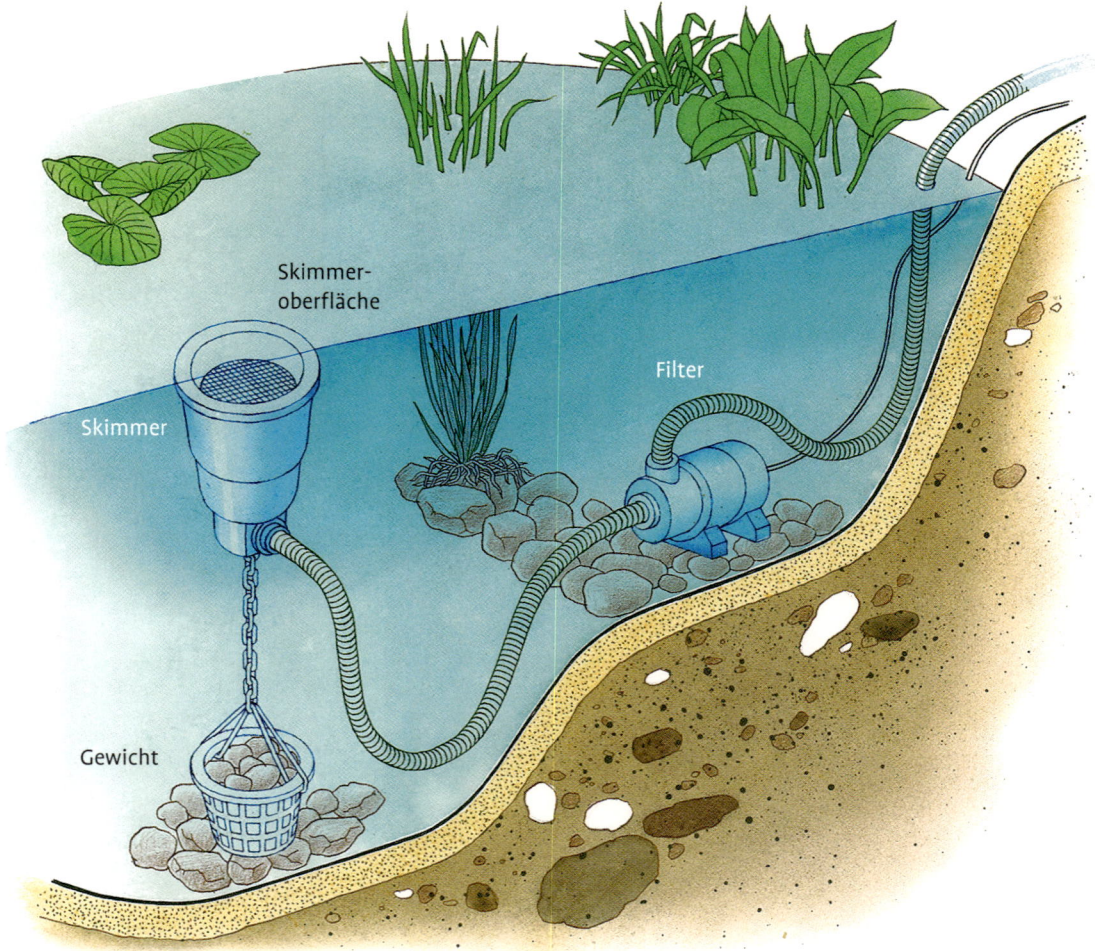

Skimmer-
oberfläche

Filter

Skimmer

Gewicht

▲ **Der stationären Skimmer ist durch ein Gewicht fixiert. Die Funktionsweise ist gut erkennbar. Schmutzteile werden an den Filter weitergeleitet.**

anzuziehen und in die angeschlossene Filtereinheit zu befördern. Man unterscheidet Skimmer im Wasser – freischwimmend oder verankert – und solche, die am Teichrand fest montiert sind. Die Geräte im Teich bestehen aus einem dünnen Ring, der von

einem Schwimmkörper umgeben ist und exakt auf der Gewässeroberfläche aufliegt. In diesem Ring befindet sich ein Körbchen zur Aufnahme grober Schmutzteile, die für die Pumpe zu groß sind. Der Schwimmkörper gleicht Wasserstandsdifferenzen aus. Ein Schlauch führt zur Teichpumpe und von dort direkt zur Filteranlage. Die Skimmer fixiert man am besten mit einem Gewicht, damit sie nicht gegen einen Stein getrieben werden, umkippen und kaputt

gehen. Um das Gerät zu verankern, wird man nicht umhin kommen, in den Teich zu steigen.

Am Teichrand angebrachte Skimmer arbeiten besonders professionell. Jedes Gerät hat einen kleinen Schacht mit einer separaten Pumpe, die das Wasser ansaugt und dem Teich wieder zuführt. Schmutzteile werden auf einer Art Leinwandbahn abgelagert, die sich in leichten Wellen bewegt und die angesammelten Partikel in einen

▶ Auch kleinere Skimmeranlagen sind sehr funktionell. Selbst größere Blätter werden von ihnen angezogen, müssen aber von Hand entfernt werden.

Schacht befördert. Bei den immer beliebter werdenden Schwimmteichen hat sich diese Technik durchgesetzt.

Ein Skimmer ist nicht zwingend notwendig, aber sinnvoll, wenn die Teichanlage in einem Grundstück mit vielen Bäumen liegt, deren Laub und Nadeln aufgefangen werden können, bevor sie sich mit Wasser voll saugen und auf den Teichboden sinken.

Der Bodenablauf

Diese für jede Teichbauweise geeignete Einrichtung sorgt dafür, dass Ablagerungen am Teichboden durch Pumpwirkung über einen Schacht direkt in den Filter befördert werden. Der Bodenablauf wird immer an der tiefsten Stelle des Teiches eingebaut. Das pilzförmige Gerät aus hochwertigem Kunststoff ist so flexibel, dass es mit Hilfe von Dichtungsringen zwischen die Teichabdichtung geschraubt werden kann. Bedauerlicherweise kann man dieses praktische Gerät nicht nachträglich in einen Teich integrieren – es sei denn, man baut diesen gänzlich neu auf. Ein Bodenablauf, der immer mit einer Pumpe und einem Filter verbunden sein muss, sollte, weil die gesamte Hydraulik unter der Teichabdichtung liegt, bei einem Teichneubau rechtzeitig mit eingeplant werden. ■

Teichfilterung ja oder nein

■ Richtig gebaute Teiche in entsprechender Größe, mit ausreichender Wassertiefe und großzügiger Bepflanzung können eigentlich auf die Installation einer Filteranlage verzichten. Sie reinigen sich aufgrund des biologischen Kreislaufs wie vergleichbare Teiche in der freien Natur, von selbst. Fehlerhafte Eingriffe des Menschen wirken sich jedoch oft störend auf diesen Kreislauf aus. Das fängt bei falschem oder übermäßigem Fischbesatz an und endet mit gut gemeinten, nicht richtig geplanten und ausgeführten Pflegemaßnahmen. Auch der Einsatz falsch installierter Teichtechnik, die für eine zu starke Vermischung der Wasserschichten im Teich oder für eine zu hohe Wassererwärmung sorgt, wirkt sich eher negativ auf das biologische Gleichgewicht im Teich aus. Deshalb ist in den meisten Fälle doch eine Filterung notwendig.

Bei Fischbesatz gelten für die Bestimmung der Filtergröße besondere Regeln. Die Angaben zu Filterleistungen der Hersteller beziehen sich grundsätzlich auf Teichanlagen ohne Fischbesatz. Sobald Fische im Teich vorhanden sind, verringert sich die Leistung des Filters um etwa 50%. ■

PRAXISTIPP

■ **Der passende Filter**
Achten Sie beim Kauf eines Filters auf die Größe. Ist die Anlage zu klein, verstopft sie und läuft über. Eine Überdimensionierung des Filters schadet hingegen nicht. Auch die Filterpumpe sollte zur gesamten Anlage passen. ■

Probleme am Teich beheben

Baufehler oder auch Überalterungen einer Teichanlage führen häufig dazu, dass der Teich nicht richtig funktioniert, das biologische Gleichgewicht nicht im Lot ist oder auch nur die Optik nicht stimmt. Die nachfolgenden Kapitel sollen Ihnen helfen derartige „Fehler" aufzudecken und gegebenenfalls abzustellen bzw. die richtigen Maßnahmen zu ergreifen. Häufig sind es nur Kleinigkeiten, die ausgeführt werden müssen, um auf Dauer mit der eigenen Teichanlage zufrieden zu sein.

Ihre Probleme – unsere Lösungen

Viele Gartenteiche haben bauliche Fehler, die sich sowohl auf das Gesamtbild als auch auf die Wasserqualität auswirken. Ein starker Algenwuchs ist oft die Folge. Mit einer umsichtigen Planung können viele Teichsituationen nachgebessert werden.

Handwerkliches Geschick und eine genaue Kenntnis aller notwendigen Arbeitsabläufe sind die Voraussetzungen, um bauliche Mängel zu beseitigen. Nachfolgend werden die wichtigsten Probleme aufgelistet und Lösungsvorschläge vorgestellt. ■

1 Wer in seinem Garten nicht viel Platz hat, der muss trotzdem nicht auf einen Teich verzichten. Es kommt dann nur auf die Bauweise an. Idealer Weise entscheidet man sich nicht für einen Folienteiches, sondern baut sich ein Fertigbecken ein. Die nebenstehende Zeichnung stellt solch ein Becken dar, das mit unterschiedlichen Wasserzonen ausgestattet ist.

Problem: Der Teich ist zu klein

■ So kurios es klingen mag: Ein kleiner Teich macht mehr Arbeit als ein großer, denn um Letzteren muss man sich in der Regel kaum kümmern. Eine zu kleine Wasseroberfläche kann genauso Probleme bereiten wie ein zu flaches Gewässer. Kleine Teiche können nur mit wenigen Wasserpflanzen bestückt werden. Hinzu kommt, dass es keine unterschiedlich tiefen Wasserzonen gibt, was zur Folge hat, dass für die Teichbiologie wichtige Arten fehlen.

Lösung
Ein Teich ist oft zu klein geraten, weil man sich nicht vorstellen konnte, wie groß eine Teichfläche nach der Fertigstellung wirklich ist. Besonders häufig ist das bei Fertigbecken der Fall. Steht man im Baumarkt vor solch einem Monstrum, fühlt man sich davon wie erschlagen. Wenn das Becken

erst einmal im Boden eingelassen ist, wirkt es bedeutend kleiner.

▶ ine Erweiterung der Teichoberfläche bewerkstelligt man auch am Fertigbeckenteich. Zunächst muss eine wasserdichte Verbindung zwischen der Teichbeckenwandung und der neuen Pflanzfläche geschaffen werden. Bei glasfaserverstärkten Becken kann man mit dem gleichen Material weiterarbeiten oder eine PVC-Folie mit einem 6,5 cm breiten Spezialklebeband befestigen, das doppelseitig haftet. Wasserdichte Verbindungen lassen sich mit PVC-, PE- und EPDM-Folien herstellen. An den Verbindungsstellen im Teichbecken ist vorher die schwarze Versiegelungsschicht zu entfernen. Achten Sie darauf, dass kein Sand auf die Verbindungsstelle gelangt, wenn der Anschluss im Teich ausgeführt wird. ■

2 Der Teich ist viel zu flach, was im Sommer zu einer sehr hohen Wassertemperatur führt, die sich ungünstig auf das Leben im Teich auswirkt.

3 Das v-förmige Teichprofil ist zwar sehr platzsparend, die Steilwände können aber nicht bepflanzt oder dekoriert werden.

4 Senkrechte Steilwände bei einem Folienteich sind instabil und daher ebenso ungeeignet, wie die Situation darüber.

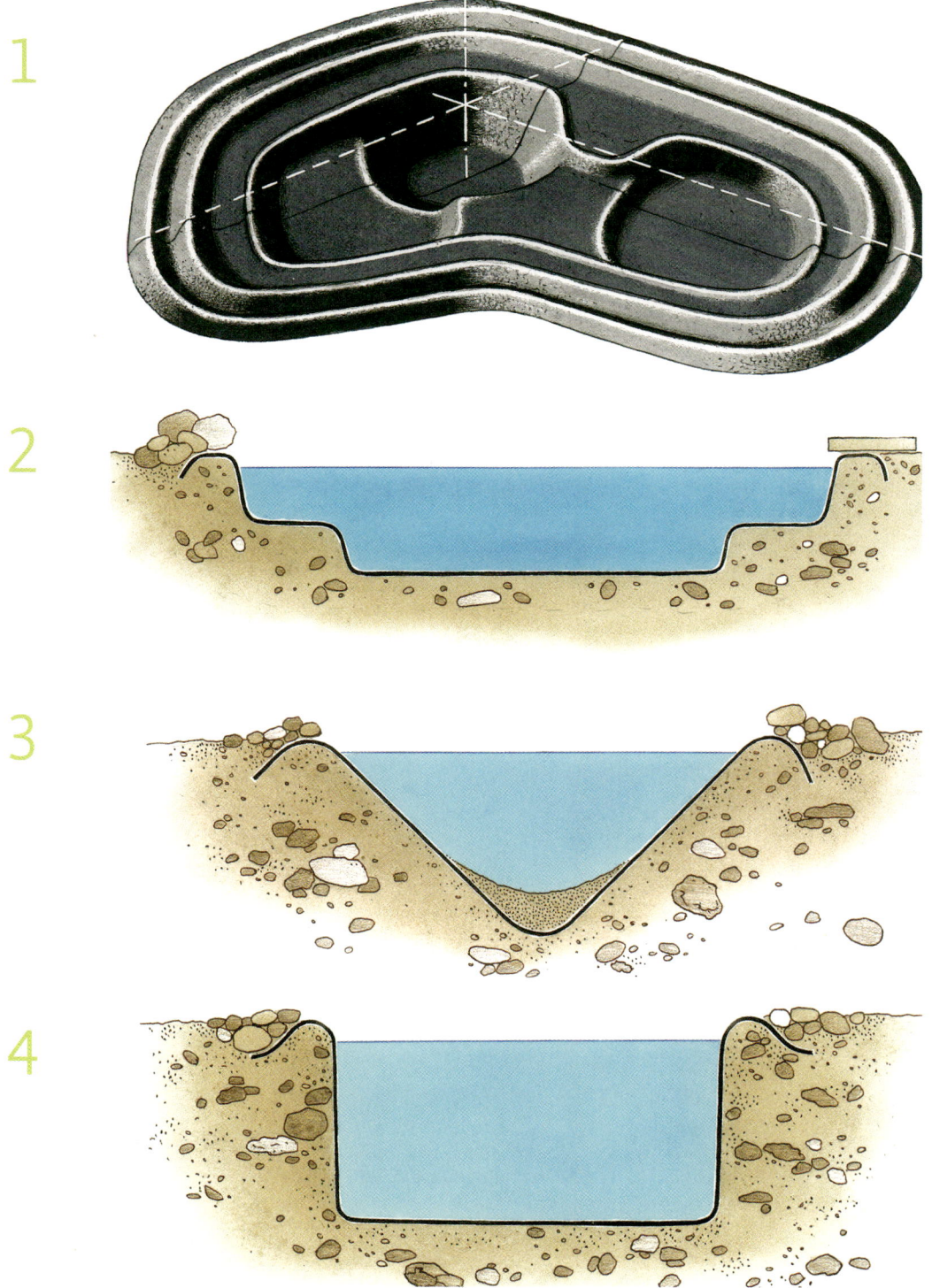

1

2

3

4

Optimale Teichpflege

Im wahrsten Sinne des Wortes „ungetrübte" Freude am Gartenteich, ist mit Sicherheit der Wunsch aller Teichbesitzer. Ein Gartenteich ist und bleibt ein künstliches Gewässer, dessen Erscheinungsbild von einigen Bedingungen abhängt, die sich von einem natürlichen Gewässer teilweise erheblich unterscheiden.

Wichtig für eine Teichanlage sind die Größe und vor allem die Tiefe des Wassers. Erst ab einer Wassertiefe von 100–125 cm ist auch im Hochsommer gewährleistet, dass die Wassertemperatur nicht zu hoch ansteigt und der so wichtige Sauerstoffgehalt des Wassers weitgehend erhalten bleibt.

Hinzu kommt eine angemessene Bepflanzung mit den unterschiedlichsten Arten von Wasserpflanzen. Diese sind nicht nur für die Optik unerlässlich. Pflanzen in und am Wasser lösen eine ganze Reihe biochemischer Prozesse aus, die vorrangig für eine gute Wasserqualität und somit für den biologischen Kreislauf im Wasser mit verantwortlich sind. ■

▲ Zu viele Fische in einem Teich führen immer zu großen Problemen. Ihre Ausscheidungen führen zu extrem starken Nährstoffmengen, die nur schwer abbaubar sind.

Machen Sie sich klar, dass alle organischen Stoffe, die in den Teich gelangen, innerhalb kürzester Zeit mit Hilfe von Bakterien abgebaut, zersetzt und restlos in den Nährstoffkreislauf der Teichanlage einfügt werden. Dazu gehören auch Wasserpflanzen, die sich teilweise schon im August zurückziehen und mit ihrer allmählich vergehenden Blattmasse einen nicht unerheblichen Teil zur Nährstoffanreicherung beitragen.

Fische im Teich
Das größte Problem in einem Teich ist und bleibt ein zu hoher Fischbesatz, insbesondere wenn die Fische auch noch gefüttert werden. Futterreste und Ausscheidungen der Fische sind für den Teich die größte Nährstoffquelle, die zwangsläufig zu Problemen führt. Aus Futterresten und Exkrementen der Fische bilden sich hauptsächlich Phosphate, die sich als 3-wertige Phosphatverbindung am Teichboden ablegen. Solange diese Ablagerungen am Boden bleiben, stehen sie Pflanzen und somit auch den ungeliebten Algen nicht zur Verfügung. Durch zeitlich falsch geplante

Wasserqualität

■ Die Qualität von Teichwasser ist an bestimmte Parameter gebunden, die sich durch unterschiedliche Vorgänge im Wasser jedoch immer wieder verändern. Teichbesitzer sollten die Wasserwerte mit einfachen Messmethoden regelmäßig überprüfen. Je stabiler die Werte sind, desto weniger muss regulierend eingegriffen werden. Siehe dazu auch die Tabelle auf der rechten Seite.

Nährstoffeintrag in den Teich
Überhöhte Nährstoffwerte sind meist auf den Eintrag organischen Materials, wie Laub und Nadeln, Pflanzenreste, Blütenstaub, Schmutzreste vom Dachüberlauf, Fischexkremente und unverbrauchtes Fischfutter zurückzuführen. Ungünstige Wasserwerte sind das Resultat. Für die optimale Teichpflege müssen Sie in erster Linie bestimmte, jahreszeitliche Ereignisse genau beobachten und bei Bedarf eingreifen. Der Eintrag von Laub, Nadeln und anderen organischen Substanzen kann durch den Einbau einer Skimmeranlage bzw. das Überspannen des Teiches mit einem Netz verhindert werden.

Pflegemaßnahmen, wie etwa der Einsatz von Schlammsaugern im Frühjahr, gelangen die Phosphatverbindungen in die Flachwasserbereiche des Teiches. Durch den dortigen Sauerstoffmangel entstehen 2-wertige Phosphorverbindungen, die den Algen nun in vollem Umfang zur Verfügung stehen. Deswegen siedeln sich verschiedene Arten von Fadenalgen besonders gerne im Flachwasserbereich an und bilden je nach Befallsdruck einen regelrechten Algenteppich zwischen den Wasserpflanzen.

Wasseraufbereiter

Neu gebaute Teiche, aber auch solche, die schon über einen langen Zeitraum bestehen, kommen ohne Zugabe von Wasseraufbereitern fast nicht aus. Notwendig wird eine Wasseraufbereitung zum einen bei der Erstbefüllung der Anlage, denn Leitungswasser ist kein ideales Teichwasser. Zum anderen spielen Wasseraufbereiter in älteren Anlagen eine Rolle bei der Bekämpfung von Ablagerungen am Boden, wie z.B. Schlamm. Zahlreiche Produkte zur Wasseraufbereitung sind auf dem Markt erhältlich. Durch den sinnvollen Einsatz kann man die Wasserqualität soweit verbessern, dass sich alle anfallenden Probleme im Rahmen halten. Die Anwendung setzt allerdings ein gewisses Fachwissen voraus. Die Produktauswahl ist entschieden zu groß und für einen „Nichtfachmann" sehr verwirrend. Sie sollten Ihr Augenmerk im Bestreben auf eine gute Wasserqualität vor allem auf die Erhaltung des KH-Wertes legen. Der Idealwert liegt oberhalb KH 5. ■

Die wichtigsten Parameter für eine gute Wasserqualität

Messwert	chemische Bedeutung	Funktion im Gartenteich
pH-Wert	Skala reicht von 1–14 und sagt aus, ob eine Flüssigkeit sauer oder alkalisch ist.	• Beeinflusst sehr stark das Wohlbefinden von Flora, Fauna und Mikroorganismen im Teich. • Von großer Bedeutung für den Stickstoffkreislauf.
KH-Wert	Kalziumhydrogenkarbonat, auch temporäre Wasserhärte genannt.	• Wichtigster Wasserwert, der für die Stabilisierung des pH-Wertes verantwortlich ist. • Am KH-Wert orientieren sich alle weiteren Wasserwerte.
GH-Wert	Mengenangabe von gelöstem Kalzium- oder Magnesiumoxyd im Teich, drückt die Wasserhärte aus.	• Beeinflusst indirekt den KH-Wert. • Bei Werten über 10 dGH zeigt sich ein vermehrtes Algenwachstum.
CO_2	Kohlendioxyd	• Wird von Wasserpflanzen produziert und gleichzeitig verbraucht. • Reagiert im Wasser teilweise zu Kohlensäure und hat einen direkten Einfluss auf den KH-Wert.
O_2	Sauerstoff	• Die Menge von gelöstem O2 im Teichwasser ist von der Wassertemperatur abhängig. • Einer der wichtigsten Wasserwerte im Teich, von dem alle Lebewesen abhängig sind.
NH_4 NH_3 NO_2 NO_3	Ammonium Ammoniak Nitrit Nitrat	• Teils schädliche Stickstoffverbindungen, die durch den Stickstoffkreislauf entstehen. • Ihre negativen Auswirkungen sind von der Konzentration und der Stickstoffverbindung im Teichwasser abhängig. • Starker Einfluss auf Algenwuchswachstum.
P_2O_5	Phosphorverbindung	• Eintrag in den Teich durch Fischkot und Fischfutterüberhang. • Extrem starker Einfluss auf Algenwachstum.

Problem: Der Teich ist zu flach

■ Auch wenn sich die Wassertiefe eines Teiches nach der Größe des Grundstücks richten muss, sind neu gebaute Gartenteiche oft zu flach und weisen nur wenig oder keine unterschiedlichen Wassertiefen auf. Sind nur ein paar Quadratmeter vorhanden, kann man natürlich keinen Teich von 100–150 cm Tiefe bauen, weil ein solches Gebilde eher einem Bombentrichter gleichen würde. Viele Teichbauer orientieren sich, auch wenn genügend Gelände zur Verfügung steht, beim Aushub an der Frosttiefe, die in unseren Breiten bei etwa 80 cm liegt. Für einen gut funktionierenden Teich ist das zu wenig. Dem lässt sich entgegenhalten, dass die meisten Fertigbecken auch nicht tiefer sind. Doch gelten für diese Becken andere Regeln, die nicht zuletzt mit einem höheren Pflegeaufwand verbunden sind.

Wenn die tiefste Stelle im Teich nur 80 cm beträgt, kann man sich vorstellen, wie flach die anderen Bereiche ausfallen. Im Sommer ist die Wassererwärmung das größte Problem, weil sie zu akutem Sauerstoffmangel im Teich führt. Nur kühles Wasser, das in tieferen Bereichen eines Teiches vorkommt, ist in der Lage, ausreichend Sauerstoff zu speichern. Im Winter macht ein zu flacher Teich weitere Probleme: Sobald sich eine Eisschicht bildet, verringert sich der Lebensraum für alle Teichbewohner, besonders für Fische drastisch.

Lösung

Einen zu flach geratenen Teich mit einer tieferen Wasserstelle zu versehen, ist nur bei Teichen aus PVC- und EPDM-Folien möglich. Die Prozedur ist sehr aufwendig und setzt im Prinzip eine komplette Teichsanierung voraus, bei der das Gewässer leer geräumt werden muss. Sobald Sie die Stelle festgelegt haben, an der der tiefere Bereich eingebaut werden soll, schneiden Sie dort die Teichfolie großzügig auf und entfernen den Folienlappen. Jetzt kann mit dem Ausgraben der Vertiefung begonnen werden; rechteckige Formen lassen sich besser mit der Teichfolie verschließen als runde. Die Vertiefung wird mit neuer Teichfolie ausgekleidet und die Randbereiche mit der alten Teichfolie verbunden. Theoretisch klingt das einfach, in der Praxis erfordert die Schweißnaht Geschick und Geduld. Schon aus Sicherheitsgründen sollte die einseitig verschweißte Naht mit einer zusätzlichen Folienüberlappung überdeckt werden. Auch ein Probelauf ist ratsam. Dafür wird die neue Tiefstelle bis eine Handbreit über der Schweißnaht mit Wasser gefüllt und auf Dichtigkeit geprüft. Danach kann mit dem Rückbau der Teichanlage begonnen werden. ■

Problem: Falsche Tageslichtkonstellation

■ Bei Neuanlagen sollte die Tageslichtkonstellation schon bei der Planung eingehend berücksichtigt werden, auch wenn sie nur im Sommer von Bedeutung ist. Doch nützt die beste Planung nichts, wenn Gegebenheiten nicht vorhanden sind oder nicht geändert werden können. Ideale Lichtverhältnisse für einen Gartenteich bedeutet Halbschatten bis Schatten von 11 bis etwa 15 Uhr. In diesen Stunden scheint die Sommersonne am meisten, was zu der unerwünschten Wassererwärmung beiträgt. Eine zu schattige Lage ist ebenfalls ungünstig, denn die meisten Wasserpflanzen und auch andere Teichlebewesen brauchen Licht.

Lösung

Zu sonnige Lagen lassen sich eher verändern als zu schattige Situationen. Zunächst einmal ist die Tageslichtkonstellation zu beobachten und genau zu erfassen, von wann bis wann die Teichanlage in der Sonne liegt und aus welchem Einstrahlungswinkel das

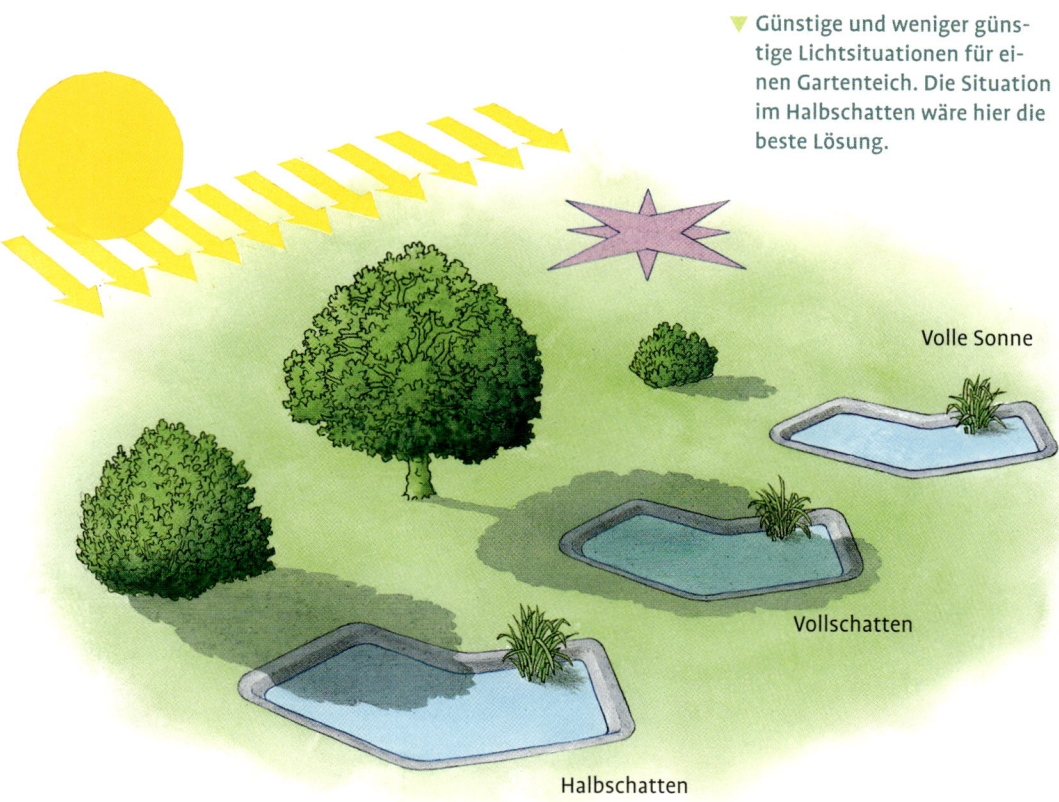

▼ Günstige und weniger günstige Lichtsituationen für einen Gartenteich. Die Situation im Halbschatten wäre hier die beste Lösung.

Volle Sonne

Vollschatten

Halbschatten

Sonnenlicht auf das Wasser trifft. Genau an dieser Stelle kann eingegriffen werden, indem man Pflanzen setzt, eine Pergola mit Rankern errichtet oder einfach einen Flechtzaun aufstellt.

Eine gute Methode kann man sich bei Teichen in der freien Natur abgucken: Schwimmpflanzen, die es in vielen Arten gibt, schattieren mit ihren Blättern das Teichwasser und halten es kühl. Ist die Lage zu schattig, kann man Bäume und Sträucher entfernen, um mehr Tageslicht zu erhalten. ■

Problem: Der Teich liegt nicht in Waage

■ In den seltensten Fällen ist ein Gartengrundstück absolut eben, meistens hat es ein mehr oder minder starkes Gefälle. Noch vor dem Aushub sollte der genaue Geländeverlauf ermittelt werden. Mit Hilfe einer Laserwasserwaage – oder noch besser: mit einem Nivelliergerät – lassen sich Geländedifferenzen feststellen und markieren. Wenn man sich diese Arbeit spart, fällt die Größe des geplanten Teiches kleiner aus

als geplant und die Teichabdichtung ragt am gegenüberliegenden Ende der „Hangseite" aus dem Teich heraus.

Lösung

Um den Fehler zu beheben, muss der Teichrand zunächst nivelliert und seine Höhen markiert werden. Schnell findet sich der am tiefsten gelegene Randbereich – und der muss angehoben werden. Wenn der Teich aus Folie gebaut wurde,

134

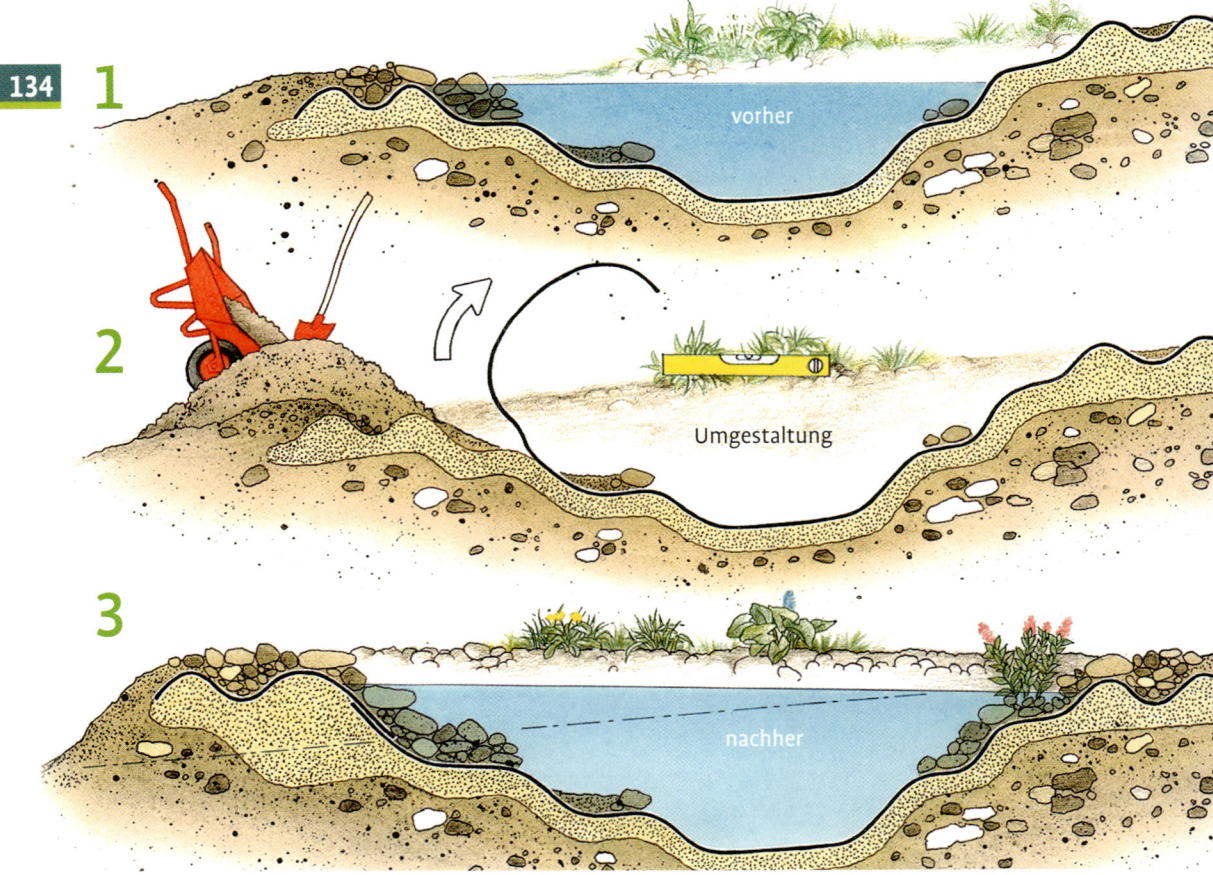

1 Auf der oben stehenden Zeichnung ist deutlich zu erkennen, dass der Teich nicht in Waage liegt und daher eine kleinere Oberfläche hat als das ursprünglich gewünscht wurde.

2 Anhand der zweiten Skizze werden alle notwendigen Arbeitsschritte verdeutlicht. In der Regel muss die Teichfolie auch noch entsprechend verlängert werden. Siehe hierzu auch Seite 137.

3 Die Teichgröße hat sich nur unwesentlich geändert, aber jetzt liegt der Teichrand in Waage und bildet einen harmonischen Abschluss, ohne dass die Folienränder sichtbar sind.

schlagen Sie diese im Randbereich zurück und legen Sie sie über eine quer laufende Bohle. Jetzt können Sie die fehlenden Massen aufbauen. Beträgt die Auffüllung mehr als 30 cm, ist unbedingt ein mineralischer Kern in Form von Kies und Steinmaterial

zu errichten. Die alte, zurückgeschlagene Folie reicht nicht, deshalb muss ein zusätzlicher Folienstreifen angesetzt werden, was am einfachsten unmittelbar auf der Bohle geschieht. Der neue Folienstreifen soll so breit sein, dass damit zusätzlich eine Kapillarsperre

erstellt werden kann. Das Ergebnis ist großartig. Wird der alte / neue Teich aufgefüllt, vergrößert sich die Wasseroberfläche je nach Höhenunterschied bis zu einem Drittel. Der Teich gliedert sich nun wunschgemäß in den Garten ein. ∎

Problem: Die Teichwände sind zu steil

- Nicht immer ist Platzmangel daran schuld, dass Teichwände zu steil sind. Häufig sind es unzureichende Planungsvorlagen und schlechte Zeichnungen, die falsch angeleitet haben. Besonders unangenehm sind steile Teichwände unmittelbar im Randbereich. Es gibt nur wenige Möglichkeiten, sie nachträglich zu kaschieren, nicht zuletzt weil eine Bepflanzung fast unmöglich ist. Ausschlaggebend ist aber, dass sie höchst gefährlich werden können: Wenn Kinder oder Tiere in den Teich fallen, haben sie kaum eine Chance, aus eigener Kraft wieder aus dem Wasser zu kommen, weil die glatte und glitschige Teichabdichtung keinerlei Halt bietet. Deshalb ist eine breite, rund um den Teich verlaufende Sumpf- und Flachwasserzone unter Umständen lebensrettend.

Lösung

Wenn Platz vorhanden ist, kann diese unglückliche Teichrandsituation durch den Anbau einer Flachwasser- oder Sumpfzone deutlich verbessert werden. Die Vorgehensweise ist identisch mit dem nachträglichen Anbau einer Sumpfzone (siehe Seite 136). Ist das nicht möglich, müssen schon allein aus Gründen der Sicherheit andere Maßnahmen ergriffen werden. So können Sie zum Beispiel in unmittelbarer Nähe des steilen

▼ Ohne bauliche Veränderungen kann man mit Pflanztaschen aus Kokosgewebe steile Teichwände sehr gut kaschieren.

`135`

▼ Diese zu steile Teichwand macht eine Bepflanzung unmöglich und den Teich auch nicht gerade sicher.

Zu steil vor der Korrektur

Nach der Korrektur

136

Ufers Pflanzen setzen – am besten immergrüne – die aufgrund ihres Wuchses den Zugang erschweren. Eine weitere Möglichkeit sind geflochtene Pflanztaschen aus Kokosfaser. Wenn man sie ins Wasser hängt und mit Steinmaterial fixiert, kaschieren sie den steilen Randbereich. Dazu besorgt man sich eingewachsene Wasserpflanzen, die bereits eine dichte Wurzelmatte haben – wenn Sie Glück haben, saniert der Nachbar gerade seinen Teich und kann aushelfen. Denken Sie aber daran, dass das Kokosmaterial wie ein Docht wirken und Wasser aus dem Teich abziehen kann. ■

Problem: Die Sumpfzone ist zu klein

■ Die Sumpfzone ist der wichtigste Pflanzbereich, weil sie die meisten Pflanzenarten beherbergen kann. In der Sumpfzone selbst läuft eine Reihe von biologischen und chemischen Prozessen ab, die der Erhaltung der Wasserqualität dienen. In den seltensten Fällen wird dieser Bereich völlig fehlen, oft ist er jedoch zu klein geplant. Ein besonders schlechtes Beispiel sind alle Fertigbecken, die meist nur einen viel zu schmalen Rand haben, der diese Pflanzengruppe aufnehmen soll.

Lösung

Man kann bei Folienteichen mit geeigneten Folienklebern oder Quellschweißmitteln recht einfach ein zusätzliches Folienstück ankleben. Bei genügend Platz sollte man in Erwägung ziehen, die Sumpfzone um etwa 1 m zu verbreitern und so lang wie möglich zu gestalten. Dazu modelliert man die erweiterte Fläche wunschgemäß und misst die Fläche der neu anzuklebenden Folie aus. Nun muss zwischen der Teichabdichtung und der neuen Pflanzfläche

▼ Die Zeichnung stellt eine Teichsituation vor und nach der Veränderung dar.

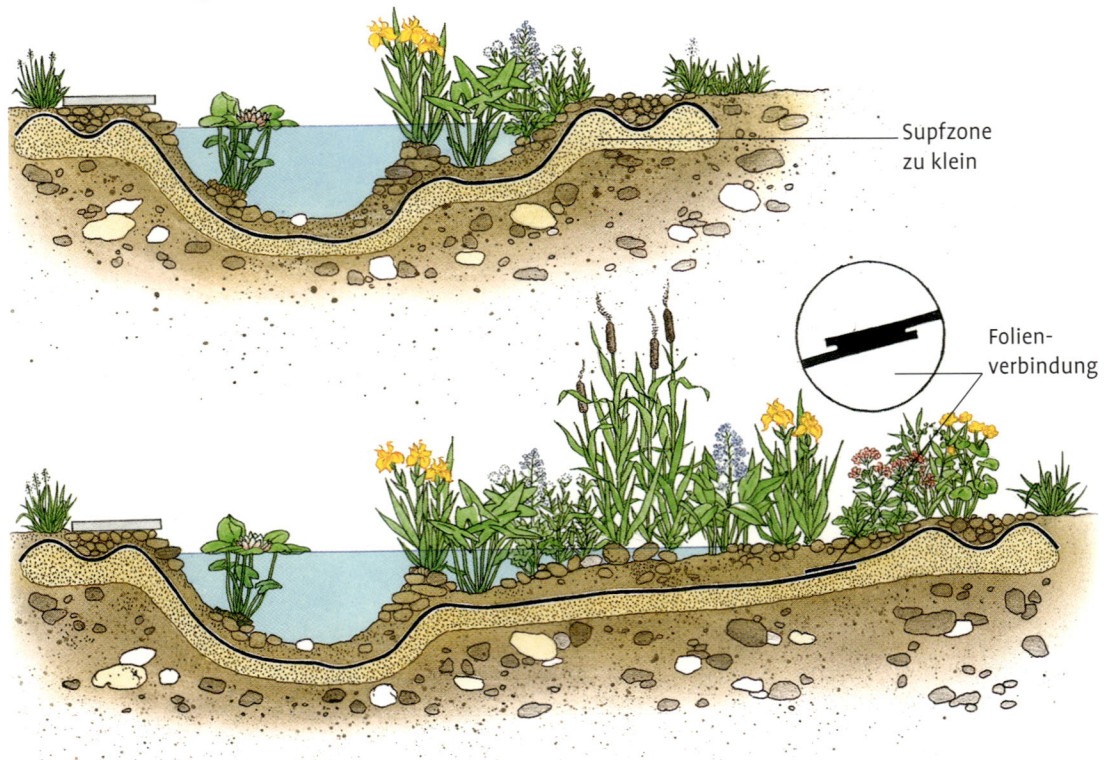

Supfzone
zu klein

Folien-
verbindung

◀ **Zum Verkleben oder Verschweißen von PVC-Folien braucht man etwas Geschick.**

eine haltbare Verbindung hergestellt werden. Zunächst lässt man den Teich etwas ab. Dann gräbt man die Folie am Teichrand aus und legt sie über eine Bohle oder ein Schalbrett. Das Anheben der Folie hat den Vorteil, dass das Teichwasser nicht unvermittelt in die neue Pflanzzone läuft. Nachdem sie gereinigt wurde, kann

man sie mit dem neuen Folienlappen verschweißen oder verkleben. Anschließend kleidet man die neu modellierte Fläche mit Sand oder Vlies aus und legt das verlängerte Folienstück hinein. Die neue, flache Pflanzzone sollte nicht in Richtung Betrachterseite liegen und dem Höhenniveau der Teichanlage angepasst sein, damit sie sich in deren Wasserkreislauf integrieren kann. Wie bei jedem Teichrand sollte vor dem Folienende eine Kapillarsperre liegen. ■

Problem: Der Teich ist verschlammt

■ Durch den regelmäßigen Eintrag von organischen Stoffen, insbesondere Laub, Nadeln und Wasserpflanzenreste, bildet sich am Boden des Teiches allmählich eine unangenehm riechende Schlammschicht, die sich langfristig negativ auf den Teich und dessen Biologie auswirkt. Zum Beispiel verhindert der Schlamm die Bildung einer Sedimentschicht. Er bindet Nährstoffe, vor allem Phosphate, die freigesetzt werden und ein idealer Nährstoff für Algen sind. Ferner sondert er Faulgase ab, die sich bei geschlossener Eisdecke fatal auf alle Lebewesen im Teich auswirken. Sind gründelnde Fische wie der Goldfisch im Teich, wirbeln diese den Schlamm ständig auf, das Wasser trübt ein. Wenn keine Gegenmaßnahmen ergriffen werden, wird die Schlammschicht immer massiver, was zur langsamen Verlandung des Teiches beiträgt.

Lösung

Gegen Schlammbildung im Teich lässt sich vorbeugend eine Menge tun. Wer schon beim Bau seines Teiches an einen Bodenablauf gedacht hat, wird keine Probleme damit haben. Auch Skimmer bringen viel, weil sie alles, was auf der Wasseroberfläche treibt, absaugen, bevor es auf den Teichboden sinkt und langsam zu Schlamm wird. Eine Teichfilterung wirkt einer Schlammbildung ebenfalls entgegen.

Grundsätzlich sollte die Schlammschicht entfernt werden. Relativ gut geht das mit einem Schlammsauger, sofern man ein leistungsfähiges Gerät bei einem Gartenfachhandel ausleihen kann. Niemals darf das Schlammsaugen

▶ **Schlamm bringt auf Dauer sehr viele Probleme für einen Teich mit sich.**

mit dem Frühjahrsputz am Teich verbunden werden, weil dann die löslichen Phosphate im Schlamm zum ungünstigsten Zeitpunkt freigesetzt werden. Extremer Algenwuchs wäre die Folge. Schlamm sollte nur im späten Herbst gesaugt werden. Alt, aber neu entdeckt ist die biologische Bekämpfung von Teichschlamm mit Hilfe von Bakterien. Unternehmen, die Produkte zur Teichwasseraufbereitung produzieren, bieten auch Mittel für den Schlammabbau an. Die Produkte können über das ganze Jahr hinweg angewendet werden. ■

Problem: Der Teich ist verlandet

■ Man muss wissen, dass ein künstlich angelegtes Gewässer wie ein Gartenteich langsam, aber sicher wieder zuwächst. Die Schlammschicht ist der Anfang, dann folgt der Teichrand mit seinem Bewuchs. In den ersten Jahren hält sich das noch in Grenzen, aber wenn ein Teich über zehn Jahre alt ist, wird das immer deutlicher. Die Verlandung eines Teiches bewirkt, dass die Wasserfläche immer kleiner wird. Ferner verschieben sich die Wasserzonen nach oben, sodass nach einer gewissen Zeit bestimmte Pflanzengruppen nicht mehr existieren können, weil ihnen der Lebensraum entzogen wurde.

Lösung

Hilfreich sind Teichsanierungen, in deren Zuge zunächst ein Teil des Wassers abgelassen wird. Schmutzteile, abgestorbene Pflanzenreste, Mulm und Schlamm können so besser entfernt werden. In einem zweiten Schritt dünnt man die übermächtig gewachsenen Pflanzengruppen stark aus. Mit frischem Kies und größeren Steinen lassen sich die freigelegten Partien abdecken. Wer sich die Mühe macht, diese Arbeit etwa alle fünf Jahre auf sich zu nehmen, braucht sich über eine Verlandung seiner Teichanlage keine Sorgen zu machen. Je größer ein Teich ist, desto seltener muss er saniert werden. Grundsätzlich ist sehr behutsam vorzugehen, damit die unter den Pflanzen liegende Teichabdichtung nicht beschädigt wird. Sanierungsarbeiten sind sonst nicht auszuschließen. ■

Problem: Der Folienrand ist sichtbar

■ Bei der Gestaltung des Teichrands kommt es gelegentlich zu hässlichen Folienrändern, die so gar nicht zu einem sorgsam gebauten Teich passen. Außerdem wird die freiliegende PVC-Folie durch UV-Strahlung geschädigt, weil die darin enthaltenen Weichmacher sie schon nach wenigen Wochen spröde werden lassen. Eine Weiterverarbeitung ist dann nicht mehr möglich und Undichtigkeiten sind irreparabel.

Lösung

Durch bauliche Fehler und nachträgliche Niveau-Anhebungen kommt es immer wieder vor, dass Folienränder wie ein hässlicher Buckel am Teichrand „hocken". Mit geschickt gestalteten Kiesaufschüttungen, die aus unterschiedlichen Körnungen bestehen sollten, kann eine solche Situation ohne viel Aufwand verändert werden. Eine weitere Möglichkeit sind Pflanzen. Gut eignen sich zum Beispiel das Pfennigkraut (*Lysimachia nummularia*) oder der Kriechende Günsel (*Ajuga reptans*). Beide Arten sind ausläuferbildend und verdecken den Rand schnell. ■

◄ Der Folienrand an diesem Teich ist nicht nur hässlich, er führt auch zu großen Problemen.

Problem: Eintönige Bepflanzung

■ Viele Gartenteiche wirken langweilig, weil sie eintönig oder mit den falschen Wasserpflanzen besetzt sind. Das kann auch an der Bauweise eines Teiches liegen, zum Beispiel weil er nicht über mindestens vier oder fünf unterschiedlich tiefe Wasserzonen verfügt, die Raum für interessante Pflanzengruppen bieten. In Gartencentern und Fachgeschäften werden bis zu 100 verschiedene Arten an Wasserpflanzen angeboten.

Nicht Masse, sondern Vielfalt ist die Voraussetzung für einen schön gestalteten Gartenteich.

Lösung
Man sollte sich von Zeit zu Zeit den Pflanzenbewuchs seines Gartenteiches genauer ansehen und festlegen, welche Pflanzen zu stark vertreten sind, welche unter Umständen wuchern oder aber nicht gut wachsen. Zudem ist zu überlegen, ob die Bepflanzung

so gestaltet werden kann, dass immer etwas blüht. Bei der großen Auswahl an Pflanzenmaterial dürfte dies nicht schwierig sein, doch müssen eben auch die Wasserzonen vorhanden sein, in denen die Pflanzen gedeihen können. In einem bestehenden Gartenteich können Wasserzonen weder verändert noch neu eingerichtet werden. Wenn sie fehlen, kann man nur eine Sumpfzone anlegen (siehe Seite 136). Wasserpflanzen kauft man am besten ab Mitte April, denn dann ist die Auswahl an Pflanzen am größten. ■

Problem: Die Betrachterseite ist verdeckt

■ Jeder Gartenbesitzer hat seinen Lieblingsplatz im Garten. Vielleicht wurde dort sogar ein Sitzplatz oder eine Terrasse errichtet. Von dieser Stelle möchte man auch gerne auf den Teich schauen. Schnell ist man enttäuscht, wenn bei der Planung die Betrachterseite nicht berücksichtigt wurde. Darunter versteht man in der Regel die tiefste Stelle im Gewässer. Hier wachsen die Seerosen, und die will man sehen. Durch falsch angelegte Pflanzzonen kommt es vor, dass höher wachsende Sumpfpflanzen die Sicht auf den Teich verdecken und man nur ahnen kann, dass sich hinter ihnen eine Wasserlandschaft befindet.

Lösung
Wenn es gar nicht anders geht, muss eine neue Pflanzzone im Sichtbereich eingerichtet werden,

die besonders niedrig wachsenden Pflanzen Raum bietet. In den meisten Fällen reicht es, die höheren Sumpf- oder Wasserpflanzen auszutauschen. Auch kann mit ausgefallenen Dekorationsstücken

wie Wurzeln, Ästen und Moos eine interessante Kleinlandschaft aufgebaut werden, welche die Sicht auf den Teich möglich macht. ■

▼ **Die Bepflanzung im Randbereich des Teiches ist deutlich zu hoch, versperrt die Betrachterseite und macht die Anlage uneinsehbar.**

PRAXISTIPP

Undichtigkeiten auf die Spur kommen

Die Voraussetzung ist sonniges, windstilles Wetter: Beobachten Sie, ob der Pegel des Teiches weiter sinkt oder sich stabilisiert. Sobald Letzteres der Fall ist, füllen Sie etwas Wasser nach. Mit Kaffeesahne oder einem Löffel Mehl legen Sie möglichst in der Mitte des Teiches eine kleine Insel an. Wegen der Saugwirkung bewegt sich das Inselchen langsam auf die undichte Stelle zu – dieser Vorgang dauert je nach Teichgröße etwa eine Stunde – und im Umkreis von etwa 10 cm befindet sich das Loch, es muss nur noch frei geräumt und gesäubert werden. Zum Flicken stehen je nach Folienart Reparatursets bis hin zum Unterwasserkleber zur Verfügung. ■

Ursachen für Wasserverluste im Teich

■ Es kommt es immer wieder vor, dass der Teich Wasser verliert. Dafür kann es viele Ursachen geben. Im ungünstigsten Fall wurde die Teichabdichtung zerstört. Folienteiche mit steilen Uferbereichen sind gefährdet, wenn zum Beispiel ein Hund ins Wasser springt und Mühe hat, wieder herauszukommen. Die Folie hält den Krallen nicht stand und bekommt Löcher. Das kann auch beim unachtsamen Entfernen von Fadenalgen mit scharfen oder kantigen Gartengeräten passieren. In beiden Fällen ist allerdings genau zu erkennen, wo der Teich undicht ist. Auch wenn der Teich aufgrund einer Veränderung des Teichrands Wasser verliert, ist die schadhafte Stelle schnell entdeckt. Teichränder, besonders jene, die aufgefüllt wurden, dürfen nicht ständig betreten werden – vor allem, wenn lose verlegte Platten am Teichrand liegen, die mit der Zeit nachgeben und das Höhenniveau absacken lassen.

Wesentlich arbeitsintensiver ist die Suche nach Pflanzenwurzeln, die über den Teichrand in Richtung Wasser hinausgewachsen sind. Vor allem, wenn Plattenwege vorhanden sind, ist das ziemlich mühsam. Wurzeln von Gräsern und anderen Pflanzen entwickeln auf der Suche nach Wasser eine schier unglaubliche Kraft und können, weil sie wie ein Docht wirken, einem Teich viel Wasser entziehen. Hat man die Stelle gefunden, müssen die Wurzeln entfernt und die Pflanze eventuell versetzt werden. Unter Umständen spielt auch die Dochtwirkung eingelegter Vliese und Pflanzmatten eine Rolle.

Wenn zwischen dem im Teich eingelegten Material und dem Teichrand eine Verbindung besteht, kann es – wie auch bei fehlender Kapillarsperre – ebenfalls zu Wasserverlust kommen. Dieser kann durch leichte bauliche Veränderungen abgestellt werden. ■

Nachträglich eine Kapillarsperre einbauen

■ Viele Bauanleitungen empfehlen immer noch, überschüssiges Folienmaterial am Rand abzuschneiden, anstatt es einzurollen und im Boden zu vergraben. Eingegrabene und damit vor UV-Licht geschützte PVC-Folie kann noch nach Jahren weiterverarbeitet werden.

Im ungünstigsten Fall muss ein neuer Folienstreifen an der Teichfolie befestigt werden. Stellen Sie zuerst genau fest, um welche Teichfolienart es sich handelt. Die Übersicht auf Seite 143 zeigt die wesentlichen Merkmale der drei wichtigsten Folienarten.

Zunächst muss der ganze Folienrand freigelegt und gründlich gereinigt werden. An glatten Stellen lässt sich der neue Folienstreifen gut fixieren, bei Falten wird es schwieriger. Bei PVC-Folie hat man die Wahl zwischen einem Folienkleber, Quellschweißmittel oder Heißluft. PE-Folie wird mit einem doppelseitigen Klebeband verbunden. Seit geraumer Zeit gibt es ein hauchdünnes Klebeband, das für alle Folien – auch wenn

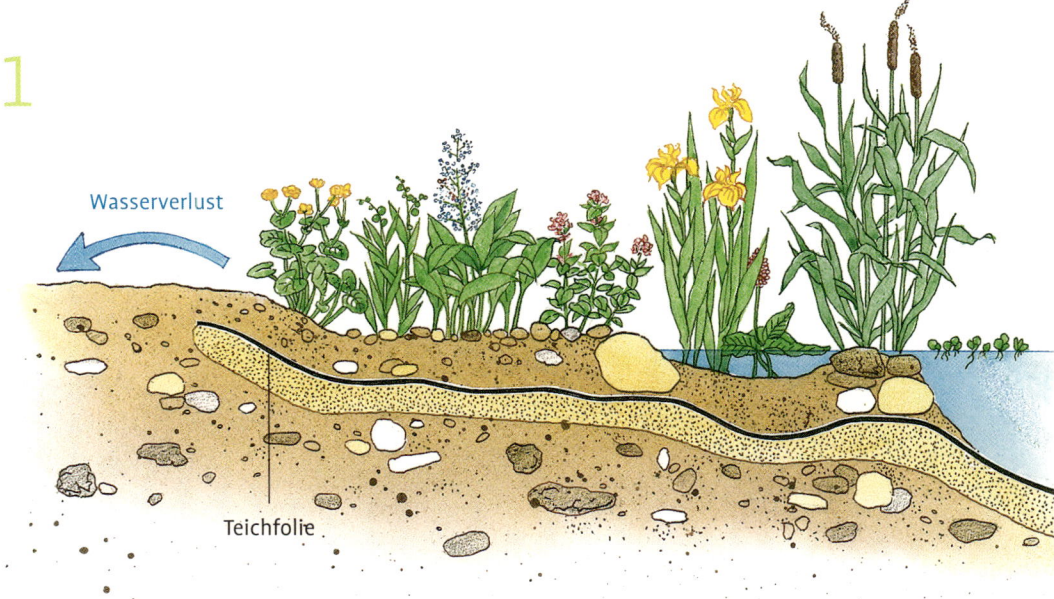

1

Wasserverlust

Teichfolie

2

Kapillarsperre

Teichfolie

1 Der Wasserverlust im Teich ist in der oberen Zeichnung mit dem blauen Pfeil gekennzeichnet. Das Ende der Teichabdeckung (Folie) endet hier einfach im Boden.

2 Unten ist hingegen eine Kapillarsperre eingezeichnet, die rund um den Teich führt und mit Kies verfüllt ist. Auf den folgenden Seiten sind Möglichkeiten zum Bau einer

Kapillarsperre als Zeichnung dargestellt. Eine Kapillarsperre hat so viele Vorteile, dass sich der nachträgliche Einbau immer lohnt.

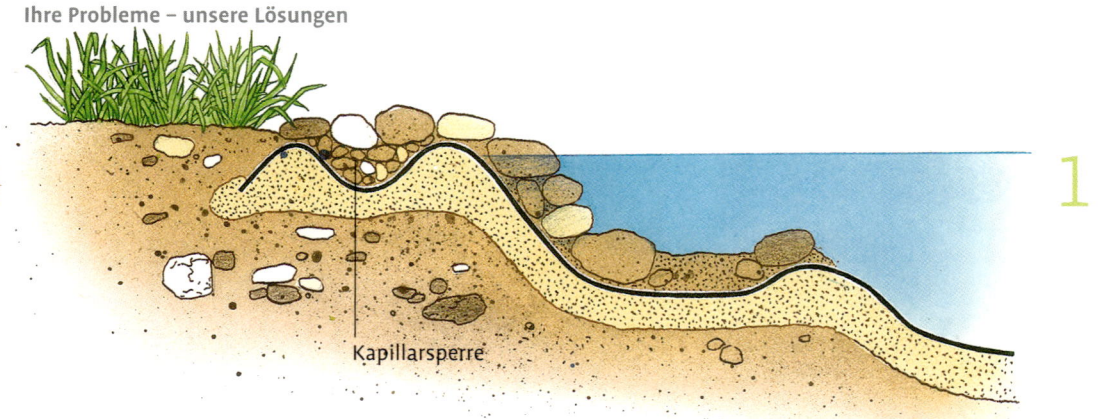

142

Kapillarsperre

1

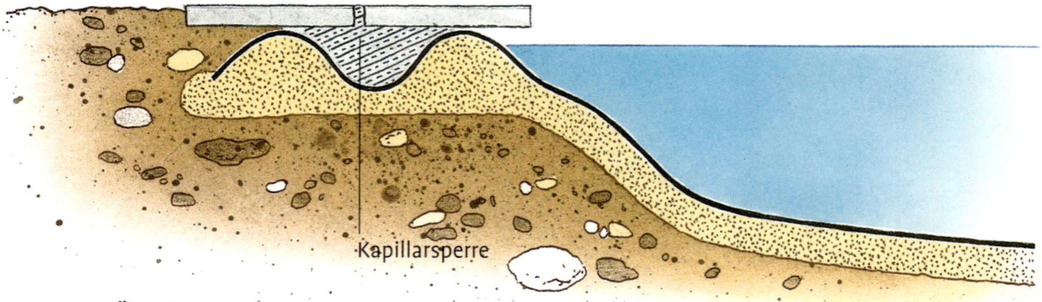

Kapillarsperre

2

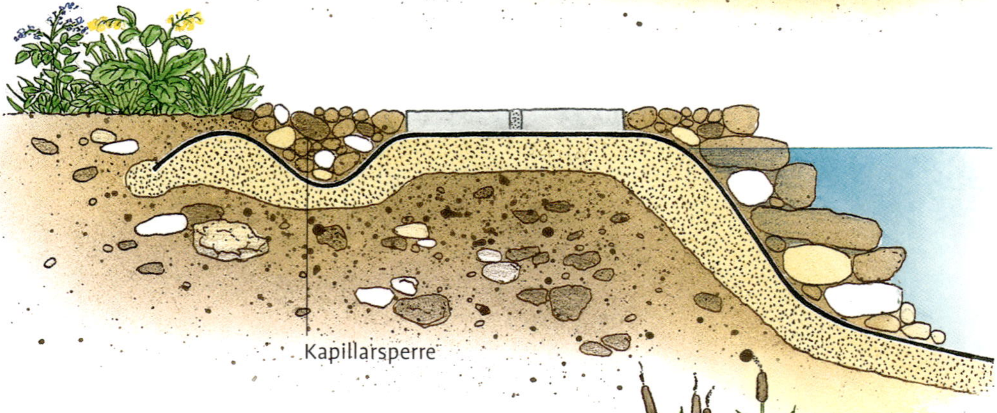

Kapillarsperre

3

Kapillarsperre

4

◄ In den Zeichnungen links sind mehrere Möglichkeiten zum Bau einer Kapillarsperre dargestellt.

1 Eine ganz ähnliche Kapillarsperre wie Nr. 4, die an der Teichwandung zusätzlich mit Kieseln und größeren runden Steinen abgestützt wird.

2 Hier dient die Kapillarsperre gleichzeitig als Lager für einen Plattenweg, der rund um den Teich führt. Magerbeton reicht hierfür aus.

3 Etwas aufwendiger ist diese Kapillarsperre, die hinter einem Weg liegt. Der Weg verläuft in diesem Fall direkt auf der Teichabdichtung.

4 Eine einfach, aber sehr funktionelle Kapillarsperre, die bei ausreichend Folie auch noch nachträglich gebaut werden kann.

Erkennungsmerkmale der drei wichtigsten Teichfolienarten

Folienart	Verhalten beim Entflammen (Feuerzeug-Test)
PVC	Flamme gelb-orange, wachsartiger Geruch, Flamme tropft ab, starke Rauchentwicklung, schwarz
PE	Flamme rötlich-gelb, chemischer Geruch, brennt zögerlich, starke Rauchentwicklung, schwarz
EPDM	Flamme gelb, Geruch wie brennendes Gummi, kaum Rauchentwicklung, brennt sehr schnell

verschiedene Arten miteinander verklebt werden müssen – geeignet ist. Für EPDM-Folie gibt es spezielle Kleber oder Vulkanisierungsband.

Wenn die neue Folienbahn rund um den Teich befestigt ist, kann mit dem Aushub der Kapillarsperre begonnen werden, die etwa dachrinnenbreit und -tief sein soll. In diese Vertiefung wird die Folie eingelegt, die Enden gräbt man wellenförmig ein. Danach wird die Furche mit Kies aufgefüllt und bei Bedarf mit Trittplatten abgedeckt.

 Immer dann, wenn es erforderlich wird, Folie an eine vorhandene Teichabdichtung anzukleben oder zu schweißen, sollte man auf das bereits verwendete Material zurückgreifen. Bei PVC-Folie macht es sogar Sinn auf die gleiche Materialstärke zu achten. Erinnert man sich nicht mehr an die ursprünglich gekaufte Folienart, kann man sie leicht mit dem oben beschriebenen Brenntest ermitteln. Unterschiedliche Farben bei der Oberfläche von PVC-Folie spielen keine Rolle. Folienverbindungen mit Netzgitter verstärken Folien sind schwierig.

Bei PVC-Folien ergibt sich eine zusätzliche Schwierigkeit durch die Materialermüdung der Folie. Sobald PVC-Folie über einen Zeitraum von mehr als drei Monaten einer normalen Sonnenstrahlung ausgesetzt ist, wird sie spröde und lässt sich dann kaum noch mit einer neuen Folie verbinden. So etwas passiert immer dann, wenn Folienteile im Randbereich nicht abgedeckt in der Sonne lagen. Müssen solche Partien bearbeitet werden, hilft nur die Verbindung in tieferen Teichbereiche, die von der Sonne abgeschirmt waren, durchzuführen. Nur dann kann eine wasserdichte Verbindung zwischen alter und neuer PVC-Folie erstellt werden. Für die Materialermüdung der PVC-Folien nach längerer Sonneneinwirkung sind die eingearbeiteten Weichmacher verantwortlich. Sie lösen sich durch UV-Strahlung auf und machen die Folie spröde, wodurch sie nicht mehr miteinander verklebt oder verschweißt werden kann. Auch Verbindungen, die professionell mit einem Heißluftfön ausgeführt werden, funktionieren dann nicht mehr. Bei PE- und EPDM-Folien kennt man diese Probleme nicht. ■

Algen und was man gegen sie tun kann

Es gibt rund 150 000 verschiedene Arten von Algen, von denen auch ein Großteil in unseren Gartenteichen vorkommen. Solange sie in einem Teich nicht einseitig überhand nehmen, sollte man sie einfach tolerieren, denn sie gehören zu den Wasserpflanzen und übernehmen ähnliche biologische Aufgaben.

Die Vielzahl der Algenarten sollte einen Teichbesitzer nicht beunruhigen. Algen sind allgegenwärtig, aber sie werden von uns völlig verkannt. Es handelt sich um eine sehr komplexe Pflanzenfamilie mit einem ungeheuren Artenreichtum und vielleicht ist nicht jedem bewusst, dass Algen zu den ältesten Pflanzen unseres Planeten zählen. Algen übernehmen sehr wichtige Funktionen, wie etwa die Sauerstoffproduktion. Außerdem dienen sie anderen Teichbewohnern als Nahrung. ■

▲ Eine wirklich ungeliebte Wasserpflanze ist die Fadenalge, die hier mit der Hand aus dem Teich entfernt wurde.

Algenarten

■ Ein übermäßiger Algenwuchs ist immer auf mangelnde Wasserqualität zurückzuführen. Vor allem starke Nährstoffkonzentrationen in Form von Phosphat und Nitrat sind für den Algenwuchs besonders förderlich. Die deutsche Namensgebung vieler Teichalgen ist auf deren Erscheinung, wie z.B. bei der Fadenalge zurückzuführen. Oft bezieht sich ihr Name auch auf die unterschiedliche Färbung der Algen, wie bei Blau-, Rot- oder Grünalgen. Man kann die wichtigsten Teichalgen nach ihrem Erscheinungsbild in zwei Gruppen einteilen: die mikroskopisch kleinen Schwebealgen und die sichtbaren Fadenalgen-Arten, die zu den Grünalgen zählen.

Schwebealgen

Schwebealgen treten ganz spontan in großen Mengen alljährlich im Frühjahr auf und verschwinden meist ohne Eingreifen ebenso rasch. Das Auftreten im Frühjahr ist auf günstige Lichtverhältnisse und allmählich ansteigende Temperaturen zurückzuführen. Hauptursache sind allerdings im Wasser gespeicherte Nährstoffe in Form von Phosphaten und Nitraten. Wenn etwas später die Wasserpflanzen zu wachsen beginnen und diese Nährstoffe verbraucht werden, verringert sich automatisch die Vermehrung der Schwebealgen, weil ihnen die Lebensgrundlage entzogen wird. Ein Eingriff von Seiten des Teichbesitzers ist daher nicht notwendig. Eine anhaltende Nährstoffzufuhr sollten Sie jedoch unterbinden. Sonst vermehren sich die Schwebealgen weiter. Der Grund für den erhöhten Sauerstoffbedarf liegt im Zersetzungsprozess der Algen, der durch Bakterien eingeleitet wird.

Unterschiedliche Fadenalgen

Die Gruppe der Fadenalgen zählt aus botanischer Sicht zu den Grünalgen. Ihre deutsche Bezeichnung wird maßgeblich von ihrem Erscheinungsbild geprägt. Aber Fadenalge ist nicht gleich Fadenalge. Die Merkmale der Fadenalgen sind sehr vielseitig. Sie schwimmen im Wasser und wachsen am Rand.

Manche Arten leben nur unter Wasser und überziehen alles mit einem grünen Belag. Hier die bekanntesten Erscheinungsformen im Überblick:

- lange dünne Fäden (bis zu 40 cm)
- spinnwebenartig
- netzartig
- polsterartig verkrautet
- kurzfädig gebüschelt (bis 5 cm)
- flächendeckend, pelzartig

Es ist durchaus möglich, dass in einem Teich gleichzeitig unterschiedliche Arten von Fadenalgen auftreten.

Fadenalgen
Die Bildung von Fadenalgen ist ebenfalls an hohe Nährstoffkonzentrationen und höhere Wassertemperaturen gebunden.

Entscheidend ist zudem eine Wasserhärte von mindestens 100 dH. Eine mechanische Entfernung von Fadenalgen hebt die Algenplage zwar kurzfristig auf, hat aber keine Langzeitwirkung. Schuld daran sind Pilze und Bakterien, die mit den Fadenalgen in Symbiose leben. Sie verbleiben bei der Algenentfernung im Teichwasser und siedeln sich an Algenresten gleich wieder an, was sofort zu einer erneuten Algenbildung führt. Es besteht die Möglichkeit Algizide, die gegen Fadenalgen wirken, einzusetzen. Entschließt man sich hierzu, sollte man die Gebrauchsanleitung derartiger Präparate lesen und den Empfehlungen der Hersteller sorgsam folgen. Besonders wichtig ist bei der Anwendung eine gleichmäßige Sauerstoffversorgung des Wassers. ■

dem Nährstoffentzug nehmen diese Pflanzen besonders viel Sauerstoff auf und geben ihn an das Teichwasser ab.

Wie funktionieren manche Algizide?
Die auf dem Markt erhältlichen Algizide haben recht unterschiedliche Wirkungsweisen. Ein besonders interessantes Produkt filtert Farbstoffe aus dem Spektrum des Tageslichts heraus, nachdem es in das Teichwasser eingebracht wurde. Dadurch wird den Algen die Möglichkeit zum Assimilieren verwehrt, wodurch sie regelrecht verhungern und eingehen. In anderen Produkten befinden sich mehr oder weniger hohe Anteile an Kupferoxyd, was Algen ebenfalls vernichtet. Bei Anwendung von Algiziden jeglicher Art müssen Sie grundsätzlich für eine ausreichende Sauerstoffzufuhr sorgen.

Wasseraufbereiter
Mit Hilfe von Wasseraufbereitern – solange sie richtig und dosiert eingesetzt werden – können Sie den natürlichen Algenwuchs ebenfalls in Grenzen zu halten. Allen voran sind dies Wasseraufbereiter, mit deren Hilfe die Karbonathärte des Teichwassers stabil gehalten werden kann. Ferner gibt es Naturprodukte wie Eichenhäcksel, Gerstenstroh oder Tannin. Diese Naturstoffe verändern die Beschaffenheit des Teichwassers soweit, dass den Algen wichtige Lebensgrundlagen entzogen werden. Letztlich noch Zeolith, ein Mineral, das in der Lage ist Nitrat aus dem Teichwasser zu speichern und parallel dazu den pH-Wert stabilisiert. ■

Vorbeugende Maßnahmen zur Algenbekämpfung

■ Es gibt eine ganze Reihe von Maßnahmen, die man ergreifen kann, damit es erst gar nicht zu einer explosionsartigen Ausbreitung der Algen kommen kann. In erster Linie ist die richtige Bauweise des Teiches dafür entscheidend. An zweiter Stelle stehen dann pflegerische Maßnahmen, die zum richtigen Zeitpunkt ausgeführt werden müssen. Große Bedeutung hat sicherlich auch die richtige und artgerechte Haltung von Teichbewohnern, insbesondere von Fischen. Siehe dazu auch den Praxistipp „Wie Sie

Algenbewuchs vorbeugen" auf Seite 146.

Klärende Wasserpflanzen
Eine ausreichende Bepflanzung mit Wasserpflanzen sorgt fast ganzjährig dafür, dass der Gehalt an Nährstoffen möglichst gering bleibt und somit den Algen eine wichtige Lebensgrundlage entzogen wird.

Zu Wasserpflanzen zählen auch die Unterwasserpflanzen. Sie zeichnen sich durch eine weitere, positive Eigenschaft aus. Neben

▲ Blaualgen

Was fördert Algenwuchs im Teich

■ Sie haben bereits erfahren, dass Algen in einem Gartenteich natürlich vorkommen und dort wichtige Aufgaben in der Wasserbiologie übernehmen. Erst in dem Augenblick, wo sich Algen unkontrolliert vermehren, müssen Sie eingreifen. Ein wichtiger Gedanke dazu ist, nicht die Symptome, sondern die Ursachen zu bekämpfen. Nachfolgend werden die wichtigsten Ursachen für vermehrten Algenwuchs näher beschrieben. Viele von ihnen lassen sich auf einfache Weise abstellen. Anderes hängt von natürlichen oder auch witterungsbedingten Ereignissen ab, die nur schwer veränderbar sind.

Laubfall
Jahreszeitlich bedingt fallen im Herbst sehr viele Laubblätter und Nadeln in den Teich und sinken ab. Durch den natürlichen Zersetzungsprozess wandeln sie sich in Nährstoffverbindungen um. Als Gegenmaßnahme sollten Sie Nadeln regelmäßig abfischen und im Herbst Laubschutznetze aufspannen.

Pollenflug
Pollenflug ist verstärkt im Frühjahr zu beobachten. Auf der Teichoberfläche sehen Sie dies jeden Morgen aufs Neue. Auch der Pollen saugt sich voll Wasser, sinkt zu Boden und trägt somit zu einer erheblichen Nährstoffanreicherung bei. Durch den Einbau einer Skimmeranlage werden die Pollen von der Teichoberfläche abgesaugt.

Fische im Teich
Fischfutter wir oft in zu großen Mengen verabreicht. Die Gaben

sollten nicht größer sein als das, was die Fische in fünf Minuten fressen können. Der Rest sinkt sonst zu Boden und wandelt sich in für Algen besonders günstige Nährstoffe um. Fischausscheidungen belasten das Teichwasser ebenso und tragen rasch zu explosionsartiger Algenvermehrung bei. Stimmen Sie die Fütterung der Fische also besser jahreszeitlich ab, reduzieren Sie den Fischbesatz oder wechseln Sie die Fischart.

Wasserpflanzen

Viele Wasserpflanzen ziehen sich schon Anfang August zurück, werden gelb und gelangen als Biomasse in den Teich. Das Gleiche

gilt für Seerosen und ihre üppige Blattmasse. Sobald die Blätter unter Wasser sind, werden sie zersetzt und gehen in den Nährstoffkreislauf ein. Schneiden Sie rechtzeitig absterbende Pflanzen zurück, damit diese gar nicht erst in das Teichwasser gelangen.

Regenwasser

Regenwasser ist nur von Vorteil, wenn man es dosiert beigibt und die Wasserwerte seiner Teichanlage genau im Blick behält. Regenwasser aus der Dachrinne darf nur gut gefiltert in den Teich eingebracht werden. Lassen Sie es nur zulaufen, wenn der KH Wert des Teichwassers mindestens über KH 6 liegt.

Schlammschicht

Eine Schlammschicht bildet sich automatisch im Teich. Der Schlamm beinhaltet viele Nährstoffe, die den Algen als Nahrungsgrundlage dienen. Verhindern Sie so gut wie möglich die Schlammbildung und setzen Sie Schlamm abbauende Bakterien ein.

Licht und Temperatur

Eine falsche Lichtkonstellation und zu hohe Wassertemperaturen fördern den Algenwuchs. Halbschattige Lagen sind weniger stark veralgt als andere. Zur Beschattung der Wasseroberfläche setzen Sie Schwimmblattpflanzen und Seerosen ein.

Algenprobleme am Teich

Problem	Ursache	Lösungsvorschlag
grünes Wasser	Mikroskopisch kleine Algen (Schwebealgen) im Teich, die sich im zeitigen Frühjahr durch das überschüssige Nährstoffangebot explosionsartig vermehren und das Teichwasser sehr rasch eintrüben.	• Nährstoffe (Nitrat und Phosphat) verringern. • Schon im Herbst phosphorbindende Präparate, bei akutem Befall auch Mittel gegen Schwebealgen einsetzen.
Fadenalgen Wattealgen	Hohe Nitrat- und Phosphatwerte in Verbindung mit einer Wasserhärte über 10 dGH fördern den Wuchs von Fadenalgen besonders. Fadenalgen, die zu den Grünalgen zählen, gibt es in vielen verschiedenen Arten.	• Mechanische Entfernung hilft nur bedingt. Zusätzliche Einbringung von Sauerstoff ist besonders wichtig. • Einsatz von Phosphatbindern zur richtigen Zeit. • Bei starkem Befall direkte Verwendung von Algiziden.
Grünbelag auf Dekomaterial	Mangel an CO_2 sowie hohe Nährstoffkonzentrationen führen zu einer Algenbildung, die besonders Dekorationsartikel, wie Steine, Wurzeln oder auch Teichwandungen mit einer pelzartigen, grünen Algenschicht überzieht.	• Mechanische Reinigung und Einsatz von kupferhaltigen Präparaten. • Zusätzliche Einbringung von Sauerstoff.
Blaualgen	Eigentlich Bakterien, die häufig bei akutem Sauerstoffmangel in Verbindung mit sehr hohen Nährstoffwerten im Flachwasserbereich auftreten.	• Nährstoffgehalt dringend verringern, Sauerstoff einbringen. • Phosphatbinder einbringen. • Algen evtl. absaugen. • Vorsicht, Blaualgen sind giftig.

Nachträglich einen Überlauf einbauen

■ Obwohl ein Überlauf wichtig ist, weil er in einem künstlich angelegten Gewässer überschüssige Wassermengen gezielt ableitet und zum Teil für Wasseraustausch sorgt, fehlt er häufig. Zuerst ist zu klären, wohin das Überlaufwasser fließen soll. Im Idealfall ist ein Drainageanschluss vorhanden, doch ein Versickerungsschacht in Teichnähe tut es auch. Um das Rohr am Teich zu fixieren, muss

▼ Ein Überlauf kann sehr einfach auch nachträglich aus Kunststoffrohren gebaut werden. Die Verbindung muss nur wasserdicht sein.

▼ Den Überlauf muss man im Frühjahr mit einem Sieb oder eine Gaze abdecken, damit Kleintiere nicht in den Kanal gelangen.

dieser bis zur geplanten Ablaufhöhe abgelassen werden. Meistens reicht eine Tiefe von etwa 30 cm aus. Verwendet werden handelsübliche HT- oder KG-Rohre aus dem Sanitärbereich. Für den Einbau muss ein kleiner Bereich der Folie am Rand entfernt werden. Das Rohrende mit dem Muffenteil wird von außen an die Folie gedrückt und diese von der Teichseite aus kreuzweise eingeschnitten. Jene Folienlappen biegt man nach innen und steckt ein Winkelstück von 75 – 90 ° ein. Vorher ist die Gummidichtung aus dem Rohr zu entfernen, denn die Folienlappen übernehmen ihre Funktion. Der Anschluss ist dicht, bleibt aber noch drehbar. Das obere Ende des Winkelstücks gibt die Höhe des Wasserstands im Teich an. Das Rohr außerhalb des Teiches muss ein leichtes Gefälle von 1 – 2 % haben. Der Durchmesser des Rohres richtet sich nach der Teichgröße: Bei einer Wasseroberfläche von 10 – 12 m² beträgt dieser 10 cm. ■

... und plötzlich sind die Enkel da

■ Kein Gartenteil übt eine so magische Anziehungskraft auf Kinder aus wie ein Teich. Wasser lockt Kinder immer, weil es sie einfach fasziniert. Obwohl jeder die von einem Gartenteich ausgehenden Gefahren kennt, ist es nicht möglich, diese zu verringern oder gar auszuschließen. Deshalb hilft wirklich nur eines: kleine Kinder niemals unbeaufsichtigt in der Nähe eines Teiches spielen lassen! Appelle an die Kinder, nicht ans Wasser zu gehen, sind mit Sicherheit schnell vergessen. Dabei spielt es keine Rolle, wie tief ein Teich ist. Wenn ein Teich richtig gebaut wurde, reduzieren sich zumindest einige Gefahrenpunkte. So muss der Teich rundum eine flache und mindestens 1 m breite Zone aufweisen, bevor er tiefer wird. Bei größeren Teichanlagen lässt sich dies wesentlich einfacher einhalten als bei Miniteichen auf kleinen Grundstücken. Fertigbecken gibt es auch mit einem nicht tief eingebauten Eisenrost, dessen Statik so ausgelegt ist, dass ein erwachsener Mann darauf stehen kann. Für Folienteiche gibt es keine Standardlösungen. Man kann in Gefahrenzonen allenfalls aus Baustahl einen entsprechenden Unterbau selbst errichten. Besonders sicher ist er aber nicht, und er trägt auch nicht unbedingt zur Verschönerung bei.

▶ Kinder werden von Wasser magisch angezogen. Diese besonders attraktive Abdeckung verhindert Unfälle.

Abzuraten ist von Teichnetzen, deren Stabilität von der Art des Gewebes abhängt und die meist mit unzureichenden Hakensystemen geliefert werden, die man für eine Verankerung einfach am Teichrand in den Boden stecken soll. Meistens hängen die Netze schon nach kurzer Zeit bis ins Wasser durch und erfüllen alles andere als ihren Zweck. Als sinnvoll hingegen erweist sich eine kleine Zaunanlage, die in gebührendem Abstand – um den Anblick nicht völlig zu zerstören – rund um den Teich errichtet wird. Damit ist zumindest kleinen Kindern der direkte Zugang verwehrt. In dem Augenblick jedoch, in dem Kinder über den Zaun klettern können, hilft auch diese Maßnahme nicht mehr. Das bedeutet: Kinder dürfen sich – wenn überhaupt – frühestens dann alleine in der Nähe eines Teiches aufhalten, wenn sie schwimmen gelernt haben. ◼

Elektronisches Warngerät

◼ Ein Teich stellt unabhängig von seiner Lage immer ein Risiko dar. Je dichter er am Haus oder einer Terrasse liegt, desto rascher kann er von Kindern erobert und dann zur Gefahr werden.

Für solche Lagen kann man sich mit relativ einfachen Mitteln recht gut absichern. Besorgen Sie sich einen akustischen Bewegungsmelder, der bei Überschreitung einer vorgegebenen Distanz wie eine Lichtschranke reagiert und sofort Alarm auslöst. Solche Geräte sind nur unwesentlich größer als eine Zigarettenschachtel und können direkt an einer Wand oder einem Geländer befestigt werden. Sie werden mit Batterie oder entsprechenden Akkus betrieben. Je nach Gerätetyp ist das Messfeld durch Entfernen von kleinen Schiebern veränderbar und kann dadurch verkleinert bzw. vergrößert werden. Gleiches gilt für den verstellbaren Warnton. Bis zu welcher Breite so ein Gerät funktioniert muss im Einzelnen erprobt werden, notfalls installiert man ein zweites Gerät. Weniger gut geeignet sind diese Warnmelder für Teiche, die weiter entfernt im Gartenbereich liegen. Zum einen sind sie nicht wasserdicht und eher für den geschützten Außenbereich gedacht, zum anderen lässt sich der Warnton aus größerer Distanz weniger gut wahrnehmen. ◼

Literatur

Baensch, Hans, Paffrath, Kurt, Seegers, Lothar: Gartenteich Atlas, 3. Auflage, 2005, Mergus Verlag.

Bridgewater, Gill und Alan: Holzdecks, 2003, Verlag Eugen Ulmer.

Friedrich, Volker: Alles über Naturstein, 2007, Verlag Eugen Ulmer.

Haberer, Martin: Taschenatlas Wasserpflanzen, 2006, Verlag Eugen Ulmer.

Hagen, Peter: Regentonnen und Zisternen, 2001, Verlag Eugen Ulmer.

Hagen, Peter: Teichbau mit alternativen Baustoffen 2006, Verlag Eugen Ulmer.

Hagen, Peter: Teichbau und Teichtechnik, 2007, Verlag Eugen Ulmer.

Hagen, Peter: Teichpflege leicht gemacht, 2002, Verlag Eugen Ulmer.

Nefele, Josef:Grundlagen der Pflaster und Verbundsteinverlegung, Wacker Werke GmbH&Co KG.

Streble Heinz und Krauter, Dieter: Das Leben im Wassertropfen, 2006, Kosmos Verlag.

Wachter, Karl: Der Wassergarten, 8., überarbeitete Auflage, 2005, Verlag Eugen Ulmer.

Waechter, Dorothee: Der Gartenteich, 2006, Verlag Eugen Ulmer.

Bezugsquellen

Gutkes GmbH
Owiedenfeldstraße 2 a
30559 Hannover
Telefon: 0511-9585885
E-Mail: info@gev.de
Internet: www.gev.de
■ LED-Pflastersteine

DIA Diekmann GmbH & Co. KG
Zum Hämelerwald 21
31275 Lehrte-Arpke
Telefon: 05175-30121
E-Mail: info@dia-diekmann.de
Internet: www.dia-diekmann.de
■ Teichbaumaterialien aus Tonelementen

Techmar Beleuchtung
Vertrieb über Fa. Heissner GmbH
Schlitzer Straße 24
36341 Lauterbach
Telefon: 06641-86-0
Internet: www.heissner.de
■ Beleuchtung rund um den Teich

Heissner GmbH
Schlitzer Straße 24
36341 Lauterbach
Telefon: 06641-86-0
Internet: www.heissner.de
■ Komplettes Angebot für Teichtechnik, Teichbau und Teichdekoration

Qi-Objekts
Ohmstraße 23
38116 Braunschweig
Telefon: 0531-70189109
E-Mail: info@qi-objects.de
Internet: www.qi-objects.de
■ Ausgefallene Brunnen

Oase GmbH & Co. KG
Postfach 2069
48469 Hörstel
Telefon: 04347-908195
E-Mail: 2007@oase.com
Internet: www.oase.com
■ Komplettes Angebot für Teichtechnik und Teichbau

Stone Illusion KG
Köhlershohnerstraße 64a
53578 Windhagen
Telefon: 02645-974977
E-Mail: info@stone-illusion.de
Internet: www.stone-illusion.com
■ Künstliche Felsen, Wasserfälle

Sinemus GmbH – Gartenausstattungen
Märkischer Ring 92
58097 Hagen
Telefon: 02331-25868
E-Mail: info@gartensinemus.de
Internet: www.gartensinemus.de
■ Bachlauf-Elemente aus Glasfaserbeton, Polyurethan oder GFK, Kunstfelsen aus Polyurethan oder GFK

Werner Bärmann
Hahnenstr. 43
66292 Riegelsberg
Telefon: 06806-490289
E-Mail: wlbaermann@gmx.de
Internet: www.wbaermann.de
■ Objekte aus Sandstein

Glaskunst
R. Kallenborn
Puhlstr. 1
66740 Saarlouis

Telefon: 06831-890230
E-Mail: RKallenborn@t-online.de
Internet: www.rkallenborn.de
■ Glasdekorationen für Garten und Teichanlagen

Rottenecker GmbH
Kunst in Bronze
Gewerbestr. 1
77749 Hohberg-Niederschopfheim
Telefon: 07808-9497-0
E-Mail: info@rottenecker.de
Internet: www.rottenecker.de
■ Edle Bronzefiguren, Wasserspeier

Modahum GmbH
Weihermühle
82544 Egling
Telefon: 08176-9310-0
E-Mail: info@modahum.de
Internet: www. modahum.de
■ Vorgefertigte Naturstein-Einfassungen

KaGo Hammerschmidt GmbH
Postfach 0329
95622 Wunsiedel
Telefon: 09232-88191-0
E-Mail: info@kagotop.de
Internet: www.kagotop.com
■ Künstliche Felslandschaften

Tillmann Gardentechnology
Internet: www.gardentechnology.net
■ Spezieller Teichmörtel für den Bau von Teichen, Bachläufen, Wasserfälle

Register

Bildquellen

Titelfoto: Manuela Beck
Bärmann, Werber: Seite 99
Beck, Manuela: Titelbild
DIA Diekmann GmbH & Co. KG: Seite 24
Firma Techmar Beleuchtung: Seite 91, 93, 100
GAP, Jerry Harpur: Seite 76
GBA/GPL: Seite 89 o., 149
GBA/Noun: Seite 101, 139
GBA/Perder: Seite 8, 126
Haberer, Martin: Seite 108, 103 u.
Hagen, Peter: Seite 4, 5 o., 5 u., 10, 13, 19, 20, 21, 22 (1), 22 (2), 22 (3), 22 (4), 23, 27, 28, 35, 36 o., 36 u., 36 Mi., 38, 39, 42 li., 42 Mi., 42 re., 43, 45, 47, 51 re., 51 u., 55, 58 re., 58 li., 59, 64 o., 64 u., 67, 69 li., 69 re., 70 u., 70 o., 73, 85, 86, 88, 89 u., 98, 97, 102, 111, 114, 115, 116 o., 116 u., 119 o., 119 Mi., 119 u., 121, 125, 130, 137 o., 137 u., 138, 144, 146, 148 li., 148 re.
Hecker, Frank: Seite 122
Oase GmbH & Co. KG: Seite 17, 31, 46, 7, 6, 92, 96, 112, 117
Redeleit, Wolfgang: Seite 44, 62, 65, 72, 82, 135
Reinhardt, Hans: Seite 9, 32, 63, 103 o., 107 li., 107 re.
Rottenecker GmbH: Seite 49, 51 li. , 51 Mi., 57 o., 57 u.
Sinemus GmbH – Gartenausstattungen: Seite 25
Stone Illusion KG: Seite 75 re., 75 li.
Strauß, Friedrich: Seite 80
Wachter, Karl: Seite 61

Die Zeichnungen fertigte Hans-Christian Rost, Stuttgart, nach Vorlagen des Autors.

Die in diesem Buch enthaltenen Empfehlungen und Angaben sind vom Autor mit größter Sorgfalt zusammengestellt und geprüft worden. Eine Garantie für die Richtigkeit der Angaben kann aber nicht gegeben werden. Autor und Verlag übernehmen keinerlei Haftung für Schäden und Unfälle.

Bibliografische Information der Deutschen Nationalbibliothek Die Deutsche Nationalbibliothek verzeichnet diese Publikation in der Deutschen Nationalbibliografie; detaillierte bibliografische Daten sind im Internet über http://dnb.d-nb.de abrufbar.

© 2009 Eugen Ulmer KG
Wollgrasweg 41, 70599 Stuttgart (Hohenheim)
E-Mail: info@ulmer.de
Internet: www.ulmer.de

Lektorat: Karin Wachsmuth, Wanda Lemanczyk
Herstellung: Martina Gronau
Umschlagentwurf: red.sign, Anette Vogt, Stuttgart
Innenlayout: Cyclus Visuelle Kommunikation, Stuttgart
DTP: Cyclus Media Produktion, Stuttgart
Reproduktionen: Medienfabrik, Möglingen
Druck und Bindung: Westermann Druck, Zwickau

Printed in Germany

ISBN 978-3-8001-5740-2

Der kompetente Ratgeber rund um das Thema Gartenteich

- **Wasseranalyse:** verschiedene Methoden und Parameter
- **Teichreinigung:** Zeitpunkt, Geräte, biologische Verfahren
- **Teichtechnik:** Dimensionierung und Wartung von Pumpen

Weit verbreitet unter den etwa 6.000.000 Gartenteichen – seien es Miniaturteiche, Schwimmteiche, Zierteiche oder Feuchtbiotope: Trübes Teichwasser, Algen im Wasser und zwischen der Vegetation, spärliche oder kränkelnde Teichbepflanzung. Hier erfahren Sie alles, um Symptome richtig zu deuten, Ursachen abzustellen und optimale Bedingungen für einen „gesunden" Teich zu schaffen. Antworten auf häufig gestellte Fragen werden im Text versiert und ausführlich, im Anhang dann komprimiert und übersichtlich aufgeführt und ermöglichen so den „schnellen Zugriff" bei drohenden oder akuten Problemen im Gartenteich.

Teichpflege.

Leicht gemacht. Peter Hagen. 2002. 127 S., 63 Farbf., 20 Zeichn., kart. ISBN 978-3-8001-3860-9.

Das ideale Nachschlagewerk

- handlicher **Einkaufsberater**
- über 200 **Wasserpflanzen-Porträts**
- **Wissen vom Profi** für Ausbildung, Hobby und Beruf

Über 200 Pflanzenporträts von Sumpf- und Moorpflanzen, Wasser- und Schwimmpflanzen, Seerosen und Tropischen Wasserpflanzen werden detailliert beschrieben: Woher sie ursprünglich stammen, wie sie wachsen, wie Blätter, Blüten und Früchte aussehen. Außerdem werden Standortbedingungen und Lebensbereiche zur optimalen Kultivierung genannt und gibt der Autor wertvolle Hinweise zu Verwendung, Vermehrung und zu besonderen Eigenschaften der einzelnen Pflanzen.

Das ideale Nachschlagewerk für Auszubildende im Garten- und Landschaftsbau, ambitionierte Hobbygärtner und Teichbesitzer, Gartenfachleute wie Verkaufspersonal in Gartencentern, Gartengestalter etc.

Taschenatlas Wasserpflanzen.

Martin Haberer. 2006. 126 S., 213 Farbf., kart. ISBN 978-3-8001-4898-1.

 **www.ulmer.de**